하얀늑대에게 먹이를

행복을 전하는 지혜로운 이야기

하얀 늑대에게 먹이를

행복을 전하는 지혜로운 이야기

로날드 슈베페
_알요샤 롱
_남일우

붉은삼나무

FÜTTERE DEN WEIßEN WOLF
Weisheitsgeschichten, die glücklich machen
by Ronald Schweppe and Aljoscha Long
ⓒ 2017 by Kösel Verlag
a division of Verlagsgruppe Random House GmbH, München, Germany.
Korean Translation ⓒ 2019 by REDSAMNAMU
All rights reserved.
The Korean language edition is published by arrangement with
Verlagsgruppe Random House GmbH through MOMO Agency, Seoul.

이 책의 한국어판 저작권은 모모 에이전시를 통해 Verlagsgruppe Random House GmbH사와의 독점 계약으로 "붉은삼나무"에 있습니다.
저작권법에 의해 한국 내에서 보호를 받는 저작물이므로 무단전재와 무단복제를 금합니다.

CONTENTS

'나'는 둘입니다 13

두 마리 늑대 : 하얀 늑대와 검은 늑대 15
하얀 늑대에게 먹이를 주세요 17
중요한 것은 방향입니다 19

어리석은 정원사 21
나는 방금 무엇을 놓쳤는가? 22
간단한 주의력 연습 I 23
간단한 주의력 연습 II 24

왕과 나무꾼 26
아무것도 안 하기 28
검은 늑대는 스트레스를 좋아한다 29

세 마리 염소 32
만족감의 비밀 34

비취뱀 37
바라지 않고 행복하기 39

수다쟁이 42
고귀한 침묵에 관하여 44
고요함에 귀 기울이기 46

시간이 없다 48
가엾은 거위에 대한 생각 49
잠시 멈추기 50

동굴 속의 개 52
거울 앞의 감정 53

옷감 장수 56
긍정적 사고는 절반의 성공이다 58
자신과 경쟁자를 위한 마음의 명상 60

왕의 반지 62
덧없음의 축복에 관하여 65

두 친구 68
당신은 무엇을 기다립니까? 70
사람들은 그것을 그렇게 봅니다 71
위급한 경우 자신에게 물어보세요 72

승려와 소녀 74
마음의 지혜 믿기 76

어려운 문제 80
관여하지 않기 82

잉어 연못 84
우리는 많은 것을 이해할 수 없다 88

부자와 재단사 91
소유냐 존재냐 93

결투 96
검은 늑대 재우기 97
사마타 명상 99

사부의 실력 102
한 가지 일에 완전히 집중하기 103

노인의 행복 106
눈에 띄지 않는 것의 마법에 관하여 107
작은 조각의 하늘 108

아름다운 세 자매 111
선함의 씨앗 116
10센트 실험 117

불만투성이 석공 119
있는 모습 그대로 사세요 120

슬픈 항아리 123
실수는 인간적이다 125

네 개의 보물 128
마음속 다이아몬드 131
비파사나 명상 133

산 135
애쓰지 않고 산 옮기기 136

칼리프와 구두수선공 139
믿음, 유연함, 선함 - 검은 늑대를 막는 3가지 방어수단 142

천국과 지옥 145
마음속 천국 147
감정은 아무 문제가 없습니다 149
소설 쓰지 않기 149

미남 왕 씨와 추남 왕 씨 152
아름다움과 선함 155

걱정 많은 순례자 159
먹이를 주지 마시오! 160
노코멘트하기 163

늑대와 개 166
자유 속 안정, 안정 속 자유 167
잠재력 발견하기 169

젊은 도둑 171
보지 않은 것을 판단하지 마시오! 172
생각의 자유 175

지혜의 은신처 178
지혜 - 하얀 늑대의 기본 식량 179
기술 아닌 기술 181

운명의 바퀴 184

내려놓기의 비밀 186

보물의 방 190

생선 혹은 고기? 192
결정 장애에 대한 조언 194

사려 깊은 목공 197

길로서 일 199
당신이 하는 사랑 201

닭과 독수리 205

닭이 아닙니다! 206

가르침 210

아하 체험의 힘 211

사려 깊은 왕자 215

소박함의 행복에 관하여 216
감사하는 연습 217
우리는 정말 무엇이 필요할까요? 218

모래 위의 발자취 220

사랑은 당신에게 필요한 모든 것 222
메타 명상 224
원천을 잊지 마세요 - 당신 자신! 226

도둑 229

참고문헌 230

감각을 깨우는 각각의 이야기에
우리를 변화시키고 성장시키는 힘이 있다.

'나'는 둘입니다

이 책의 작가는 두 명입니다. 그럼에도 본문에서 항상 '나'란 단어를 발견하게 될 겁니다. 긴밀히 협업했어도 우리는 각자 다른 경험을 가진 두 사람입니다. 그렇다고 각각의 '나' 뒤에 괄호를 넣어 자기 이름을 적어 놓는 것은 별 의미가 없습니다. 그래서 그때마다 어떤 '나'를 지칭하는지 열어 놓았습니다. 이것이 그렇게 문제 될 건 없습니다. '나'라고 한 우리는 두 명의 작가 중 어느 하나이기에 오히려 매우 유동적이며 많은 장점을 지니고 있기 때문입니다.

당신이 이 책을 즐겁고 재미있게 읽기를 바라며, 여러 나라의 이야기를 통해서 많은 동기부여, 지혜 그리고 영감을 발견하기를 기대합니다.

로날드 슈베페 / 알요샤 롱
독일 뮌헨에서

두 마리 늑대 :
하얀 늑대와 검은 늑대

(미국)

위대한 정신의 지붕인 별 가득한 가을 하늘의 달빛 아래, 인디언 종족의 최고령자 '빨간 사슴'과 그의 증손자 '짧은 화살'이 따뜻한 불가에 앉아 있었다. 그날은 처음으로 짧은 화살이 긴 사냥을 한 날이었고 그를 남자로 만드는 사냥이었다. 그들은 말없이 앉아 생각에 잠겨 있었다.

짧은 화살이 망설이다가 말을 꺼냈다.

"할아버지, 저는 사냥꾼이 될 거예요. 할아버지 덕분에 첫 번째 긴 사냥을 마쳤어요. 마음이 진정되지 않아요. 할아버지와 함께 정말 기쁘게 첫 사냥을 갔지만 아무런 발자국도 찾지 못해서 불안하고 슬펐어요. 저에게 발자국을 가리켰을 때, 저는 너무 좋아 흥분해서 소리쳤고 그 소리 때문에 잡을 수 있었던 새끼 물소를 그만 놓치고 말았어요. 저는 아침에는 온 우주를 삼킬 만큼 기뻤지만 오후에는 태양, 사람들 그리고 제 자신을 미워했어요. 왜 이렇게 된 거죠?"

빨간 사슴은 먼 하늘을 바라본 후, 불을 보고 그의 가슴을 보았다. 침묵이 더 흐른 후 마침내 빨간 사슴이 말했다.

"태초에, 속임수 왕국의 코요테가 초원을 배회하기 전 그리고 우리 종족이 말을 타기 전부터, 모든 사람들의 마음속에는 두 마리 늑대가 살고 있단다. 그중에 한 마리는 흰색이고 한낮의 태양처럼 밝게 빛난다.

다른 한 마리는 달빛 없이 구름 낀 밤처럼 검은색이다. 그 둘은 서로 아주 격렬히 싸운단다."

"그 늑대들이 제 마음속에서도 싸우나요?" 짧은 화살이 말하면서 자기 가슴에 손을 갖다 댔다.

"그럼, 네 마음속에서도 싸우지." 빨간 사슴이 고개를 끄덕이며 말했다. "내 마음속에서도, 네 여동생과 형들, 아버지와 어머니의 마음속에서도. 두 마리 늑대는 모든 인간의 마음속에 살면서 싸운단다. 늑대들은 털 색깔로도 구별되지만, 검은 늑대는 이빨을 드러내고 위협하며 물어뜯으려고 으르렁거린다. 검은 늑대는 복수에 가득 차 있고 음흉하며 탐욕스럽지. 그러나 하얀 늑대는 영리하고 부드러우며 사랑스럽지. 하얀 늑대는 사람들을 사랑하며 착하고 현명하단다."

짧은 화살은 꺼져가는 불씨를 오래도록 바라보았다. 이윽고 그가 나지막이 물었다.

"그럼 검은 늑대가 하얀 늑대를 죽이지 않을까요? 싸움에서는 난폭한 것이 온화한 것보다 강하잖아요? 그리고 만약 검은 늑대가 하얀 늑대를 이기면 어떻게 돼요?"

"짧은 화살아, 곰곰이 생각해봐라. 네가 단지 엄청나게 화가 났다고 해서 위대한 영웅 타마하나카를 이길 수 있을까?"

"아니요. 그건 강함과 능력에 달려 있어요. 그러면... 어떤 늑대가 더 강할까요? 누가 싸움에서 이길까요?"

빨간 사슴은 대답했다. "네가 먹이를 준 늑대야."

하얀 늑대에게 먹이를 주세요

두 마리 늑대 이야기는 무엇보다도 행복은 결정의 문제라는 것입니다. 이것이 가장 중요한 것이기 때문에 여기에 다시 한 번 적어 보겠습니다.

당신의 행복은 당신이 결정합니다!

무언가를 결정한다는 것이 쉽지 않지만 때때로 생각보다 훨씬 더 쉽습니다. 아주 안 좋은 일이 일어나고 운명마저 불리하게 작용하더라도, 아직 선택의 기회가 남아 있기 때문입니다. 만약 나에게 묻는다면, 대답은 선택의 기회가 없는 것보다는 단연코 더 낫다는 겁니다. 선택권을 가진 자는 고민뿐만 아니라 선택의 자유도 가지고 있습니다. 그리고 그 자유는 내적으로 충만한 인간의 삶에 속합니다.

당신은 마음속에 있는 어떤 늑대에게 먹이를 줍니까? 검은 늑대는 불안, 걱정 그리고 분노입니다. 검은 늑대는 쉽게 흥분하고 욕심이 많습니다. 하얀 늑대는 정반대입니다. 하얀 늑대는 어려운 상황이 닥치더라도 긴장을 완화시켜 주는 밝고 생기발랄한 삶의 기쁨입니다.

분명 힘의 역학이 변수입니다. 어느 한쪽이 더 강하면 다른 쪽은 약합니다. 어떤 사람들은 검은 늑대가 너무 작아서 전혀 느끼지 못하는 반면, 어떤 사람들은 선천적으로 커다란 검은 늑대를 가지고 다닙니다. 그럼에도 여하튼 사람들이 먹이를 더 많이 주는 그 늑대가 항상 이기게 됩니다.

결정은 온전히 당신에게 달려있습니다. 근심, 걱정 그리고 자신에 대한 의구심에게 먹이를 준다면, 그것들은 시간이 지남에 따라 점점 더 강해집니다. 반대로 마음속에 긍정적인 생각과 감정에게 먹이를 준다면, 부정적인 것들은 점차 사라지게 됩니다. 나는 당신이 지금 이 책을 손에 들고 있기 때문에 후자를 결정했다고 생각합니다. 그럼, 이제 어떻게 하얀 늑대에게 먹이를 줄 수 있는지 자문할 겁니다. 왜냐하면 검은 늑대는 전혀 도움이 안 된다는 것이 분명하기 때문입니다.

야생의 늑대들은 여러 날을 먹이 없이 살 수 있습니다. 동물원에서도 늑대들은 종종 2-3일에 한 번 먹이를 먹습니다. 하지만 마음속에 있는 하얀 늑대에게는 오히려 날마다 먹이를 먹여야 합니다. 당신은 그 먹이들을 이 책에서 분명히 찾게 될 것입니다. 이곳에는 감동을 줄 수 있는 이야기와 우화들이 있으며, 언제든 활용 가능한 간단한 멘탈과 주의력 강화연습 같은 명상이 있습니다. 그리고 하얀 늑대를 크고 강하게 키우는데 도움이 되는 사고와 성찰도 발견하게 될 것입니다.

언제 어디서든지 하얀 늑대에게 먹이를 줄 수 있습니다. 이 책에 있는 이야기와 방법들로 해야만 한다는 규정은 없습니다. 그러나 딱 한 가지 내가 추천하고 싶은 것은 "마음속에 살고 있는 하얀 늑대를 절대 잊지도 말고 배고프게 하지도 말라"는 것입니다

중요한 것은 방향입니다

몇 해 전에 친하게 지내던 요가 선생님이 차를 마시면서 나에게 재미있는 실험에 대해 설명했습니다. 이 실험은 사람들을 두 가지 유형으로 나눌 수 있음을 시사합니다.

실험 집단의 사람들에게 호텔 방에 들어가서 내부를 잠깐 둘러보게 했습니다. 그곳은 독일에서 매우 평범한 호텔 객실이었습니다. 이어서 그들에게 객실의 첫인상을 재빨리 적게 했습니다.

그들 중 한 부류는 커다란 창문과 가까이 있는 호수가 보이는 탁 트인 전망이 좋고 객실이 밝고 편안하다고 추천했습니다. 그리고 오래되고 운치 있는 나무 바닥으로 가정집 분위기를 연출한 객실 공간과 구석에 있던 편안한 소파가 눈에 띄었다고 했습니다.

다른 부류의 사람들은 제일 먼저 망가진 전등 갓을 봤고, 유리창이 골고루 잘 닦여 있지 않다는 것을 알아챘습니다. 이 '부정적 그룹'의 거의 모든 사람들이 소파가 오래돼 낡았고 더러워 보였다고 했고, 그중 어떤 사람들은 나무 바닥에 난 수많은 긁힌 자국들이 눈에 들어왔다고 했습니다. 게다가 객실에 TV도 미니바도 없었다고 흠을 잡았습니다.

실험 집단의 일부는 객실에 만족하지 않거나 잘해야 겨우 합격이라고 생각한 반면, 다른 사람들은 아주 쾌적하고 마음에 들어서 하룻밤을 묵고 싶을 정도라고 했습니다.

어째서 이럴 수 있을까요? 같은 객실이었습니다. '호텔 손님들'의 일부 사람들은 객실을 실제로 두 눈으로 보았고, 다른 사람들은 빨간 색 안경을 끼고 봤을까요? 아니면 실제를 볼 수 없었던 그 사람들이 거꾸로 불평불만이 가득 찬 사람들이었을까요?

　대답은 간단합니다. 여기서 어느 누구도 옳고 그르지 않습니다. 약간 좋다거나 더럽다고 받아들이는 것은 바로 보는 사람의 시각에 달려있습니다. 술잔에 반 정도 담겨 있는 와인을 가지고 보는 관점에 따라 '반이 찼다' 혹은 '반이 비었다'고 표현한다는 얘기는 비록 너무 진부하지만, 그럼에도 그것이 맞습니다. 마찬가지로 우리가 소파를 편안하게 생각하든 오래되고 낡았다고 생각하든 전혀 상관없습니다.

　작가 미상의 오래된 시구가 하나 있습니다.

　"옛날에 두 남자가 오랫동안 한 감방에 앉아 있었다. 한 남자는 거리의 먼지를 보았고, 다른 남자는 별들이 빛나는 걸 보았다."

　위의 이야기들이 하얀 늑대와 무슨 관계가 있을까요? 아주 간단합니다. 행복하고 만족하고 의미 있는 삶을 이끌 수 있는지 없는지는 외부의 문제나 상황과 전혀 상관이 없습니다. 오히려 이 문제와 상황을 어떻게 해석하느냐가 중요합니다. 그것은 안경알의 색깔에 달려 있는 것이 아니라, 당신의 시선이 어디로 향하느냐에 달려있습니다. 요즘 유행하는 말을 빌리자면, 그것을 결정하는 것은 방향입니다.

- 당신의 정신과 마음은 어느 쪽을 향해 있습니까?
- 시선을 어디로 돌립니까? 예를 들어 어떤 공간에 들어가거나 사람을 만나거나 새로운 레스토랑에 간다면 말입니다.
- 당신이 쓰고 있는 우산이나 양산 위에는 어떤 하늘이 있습니까?

어리석은 정원사
(프랑스)

나이 많은 여주인의 정원은 특이해 보였다. 해가 들지 않는 뒤뜰에는 잡초가 무성하게 자랐고, 해가 들어오는 앞뜰에는 꽃들이 피어 있었다. 그러나 특이한 것은 그것이 아니었다. 잡초는 화려하고 무성하게 잘 자라고 생기가 있는 반면, 앞뜰은 황량해 보이는 것이 이상했다. 몇몇 꽃들은 힘이 없어 보였고 꽃봉오리들도 시들어 있었다.

마침내 호기심 많은 이웃 사람이 노파를 만났을 때 실례를 무릅쓰고 물었다.

"할머니, 제가 물어봐도 실례가 안 되겠습니까? 뒤뜰에는 잡초가 아주 무성하게 잘 자라고 있는데, 앞뜰에 있는 예쁜 꽃들은 힘없이 시들어 있어요. 어쩌다 그렇게 됐는지 알려 주시겠습니까?"

여주인이 이웃 사람을 바라보고 슬픈 표정을 지으며 고개를 끄덕였다.

"예, 제대로 봤습니다. 슬프지만 사실입니다. 날마다 정원에 물을 주긴 하지만 물이 충분하지 않습니다. 저는 커다란 물 양동이 두 개를 들고 뒷문을 지나서 정원으로 갑니다. 그런데 뒤뜰에 물을 주고 나면 앞뜰에 줄 물이 남아있지 않습니다. 그렇지만 저는 힘이 다 빠져서 다시 물을 떠올 수가 없답니다."

나는 방금
무엇을 놓쳤는가?

가끔 우리는 하루를 긴 터널 속에 있는 것처럼 보냅니다. 그러면 시선은 매우 단편적이고 거의 부정적인 면에만 고정됩니다. 이것은 우리가 앞뜰의 꽃들에게 가는 대신에 잡초에게로만 가는 것입니다.

결코 원하지 않은 일이 일어날 수도 있다는 또는 그렇게 원하던 일이 이뤄지지 않을 수도 있다고 근심할 때마다, 당신은 정원에 있는 잡초에 물을 주는 겁니다. 만약 어떤 문제에 대해 너무 고민하고 좌절하고 걱정하고 있다면 혹은 정신이 혼란스럽고 분산되어 있다면, '완전히 거기'에 있는 것이 아닙니다. 그러면 당신은 단지 한 면만, 하나의 가능성만 보게 됩니다. 그리고 삶은 좁아지고 단편적이 됩니다. 그렇습니다. 어쩌면 우리의 삶이 똑같지 않더라도 근심의 안경을 끼면 가치 있는 시간을 잃어버릴 수 있습니다.

다음의 짧은 명상은 '주의력 강화연습'의 한 유형입니다. 간단한 질문으로 자신의 지평선을 확대할 수 있습니다. 시각이 넓어지고 인식의 빛이 손전등에서 경기장 조명으로 확대됩니다. 때로는 어두침침한 날의 구름 속에서 태양이 뚫고 나오듯이 효과가 아주 빠르게도 나타납니다. 소파에, 자동차에 아니면 콘퍼런스에 앉아 있든지 상관없습니다. 이 명상을 어디서든지 따라 할 수 있습니다.

간단한 주의력 연습 I

먼저 숨을 한번 깊게 쉬십시오. 숨을 깊게 들어 마신 후, 다시 깊게 내쉽시오.

생각의 매듭, 걱정, 고민거리, 짜증 등으로부터 의도적으로 벗어나기 위해서 자신에게 '스톱'을 말하십시오.

그리고 이제 주위를 둘러보십시오. 그런 뒤에 자신에게 "이 순간 여기에 무엇이 더 있는가?"라는 질문을 하십시오.

1. 눈에 보이는 것에 주의를 돌리십시오. 지금 무엇을 보고 있습니까? 볼 수 있는 것을 적어도 5개 찾아보십시오.
2. 귀에 들리는 것에 주의를 돌리십시오. 지금 무엇을 듣고 있습니까? 들리는 소음과 소리를 적어도 3개 찾아보십시오.
3. 몸에 주의를 기울이십시오. 지금 무엇을 느끼십니까? 적어도 몸으로 느끼는 것 3가지를 찾아보십시오.

1번에서 3번까지 한 번 실행하십시오. 두 번 하면 더 좋습니다.

이것이 전부입니다. 이제 다시 일상에 전념할 수 있을 겁니다. 그러나 다시 잡초에 신경 쓰고 있는 자신을 발견하면, 순서대로 다시 반복하십시오.

간단한 주의력 연습 II

당신의 생각이 잘못된 방향으로 향하는 때가 하루 중 언제인지 안다면, 그리고 예를 들어 과거의 다툼으로 화가 나고 불편한 약속으로 걱정하고 자신을 믿지 못하거나 또는 어떤 문제에 대해 너무 고민한다면, 이런 생각과 감정들 외에 무엇이 거기에 아직 남아있는지 스스로 물어봐야 합니다.

짧게 '스톱'을 생각하고 숨을 깊게 들이 마시고 나서, 지금 이 순간 자신에게 그리고 주위에 일어나고 있는 일에 집중하십시오.

1. 먼저 "나는 무엇을 보는가?"라고 자신에게 물어보십시오. 너무 오래 생각하지 말고 간단히 주위를 둘러보십시오. 하늘을, 자동차를, 사람을 혹은 나무를 보든지 전혀 상관없습니다. 그냥 시선을 돌리십시오. 그리고 본 것에 잠깐 머무르십시오. 그것을 평가하거나 판단하기 위해서가 아니라, 그냥 실제로 보이는 것의 색깔과 형태를 좀 더 잘 인식하기 위해 다른 것보다 눈여겨 바라보는 것뿐입니다. 마음속 카메라로 주변 사진을 2~3장 찍으십시오.
2. 다음은 "나는 무엇을 듣는가?"입니다. 이제는 들리는 것에 집중하십시오. 들리는 것이 모터소리건, 새소리긴, 건물에서 나는 소유이건, 목소리건 여기서는 아무것도 중요하지 않습니다. 소리에 귀 기울이고 잠깐 또는 길게 들리는 것에 주의를 기울이십시오.
3. 마지막은 "나는 지금 무엇을 느끼고 있나?"입니다. 이 순간 몸의 느낌에 주의를 기울이십시오. 어쩌면 등에서 긴장감을, 발에서 가려움

을, 손에서 온기를 아니면 배에서 이완을 느낄 수 있을 겁니다. 그것이 무엇이든지 상관없습니다. 방금 느낄 수 있던 것에 그냥 집중해서 감지하십시오.

보통 2~3번의 과정을 거치면 생각의 소용돌이가 멈추고, 다시 평온하게 지금 이곳에 안착하는데 성공하게 됩니다. 항상 성공하는 건 아니지만, 그래도 이 주의력 연습을 자주 하면 할수록 더 많이 성공합니다. 그리고 나면 이 방법은 그 순간을 변화시킬 뿐만 아니라, 다음의 순간들도 변화시킬 겁니다.

왕과 나무꾼

(스페인)

어느 날 현명하고 자비로운 왕은 민심을 들으려고 장돌뱅이로 변장해서 백성들이 있는 곳으로 갔다. 왕은 구두쇠와 사기꾼, 자비로운 사람과 정직한 사람, 가난한 사람과 부자 그리고 영리한 사람과 어리석은 사람을 만났다. 왕이 깊은 생각에 잠겨 궁으로 돌아가는 도중에, 가족과 함께 숲속에 살고 있는 나무꾼의 오두막에 도착했다. 장돌뱅이로 변장한 왕은 물과 빵 그리고 하룻밤 묵을 잠자리를 부탁했다. 나무꾼은 기꺼이 청을 들어줬다.

저녁이 되자 왕은 오두막 앞에 나무꾼과 함께 앉았다. 그는 약간의 빵과 와인, 치즈를 가져왔고, 그들은 한참 동안 얘기를 나눴다. 왕은 나무꾼이 영리하고 교양 있는 사람인 것을 알아차렸다. 그리고 나무꾼이 가난하게 살고 있는 것에 놀라면서 어떻게 하루를 보내는지 물었다.

"나는 아침에 숲으로 가서 커다란 지게에 나무를 져옵니다. 나무를 팔아 돈을 조금 벌면 빵과 와인, 치즈를 삽니다. 그런 다음 아들과 함께 놉니다. 친구 집에 가서 와인을 마시고 함께 노래도 부릅니다. 햇빛이 따듯하게 내리쬘 때는 집 앞에 앉아 책을 읽기도 합니다. 그리고 밤에는 아내와 사랑을 나눕니다."

왕은 이맛살을 찌푸렸다.

"왜 당신은 한 번 더 숲에 가서 나무를 더 져오지 않죠?"

"도대체 왜 그래야만 하죠?" 나무꾼이 놀란 듯이 되물었다.

"자, 보세요. 숲에서 한 번 더 나무를 져오면 더 많은 돈을 법니다. 그러면 돈을 저축할 수 있습니다. 그리고 일꾼을 고용할 수 있고 그렇게 되면 돈을 더 많이 벌 수 있습니다. 만약 충분히 벌었다면 도시에 있는 집으로 이사할 수 있고 나무꾼에게서 장작을 사서 비싸게 팔 수 있습니다. 그러면 결국 당신은 왕국과 무역을 하는 돈 많은 상인이 될 수 있습니다. 누가 압니까? 어쩌면 왕이 궁중 납품업자로 임명할 수도 있잖습니까."

나무꾼은 잠깐 눈을 감고 진지하게 생각했다. 그러고 나서 머리를 가로저으며 말했다.

"당신을 이해하지 못하겠어요, 신사 양반."

"자", 왕이 약간 언짢은 듯 말했다. "이건 아주 분명해요. 당신은 정말 쉽게 높은 자리에 올라갈 수 있고 원하는 것을 이룰 수도 있어요! 그러면 모든 것을 살 수 있고, 아들과 놀고, 친구에게 놀러 가서 와인을 마실 시간도 있어요. 태양이 따듯하게 비출 때 정원에 앉아 책을 읽을 수도 있지요. 그리고 밤에 아내와 사랑을 나눌 수 있습니다."

그러자 가난한 나무꾼은 미소 지으며 왕의 어깨를 부드럽게 톡톡 치면서 말했다.

"벌써 와인을 많이 마신 것 같네요. 자러 들어갑시다."

왕은 다음날 아침에 일어났을 때, 얼굴 가득 미소를 지었다. 왜냐하면 이제야 그는 무엇이 참된 부자인지 알았기 때문이었다.

아무것도 안 하기

마지막으로 아무것도 안 한 때가 언제입니까? 언제 소파에 누워 TV를 보고 책을 읽고 음악을 들었냐를 묻는 것이 아니라, 정말로 아무것도 안 하고 있었던 적이 언제였는지 묻는 것입니다.

우리는 정말 그냥 아무것도 하지 않는 것보다 더 쉬운 건 없다고 생각해야 합니다. 물론 그것이 전혀 간단하지 않다는 것을 분명히 압니다. 바쁜 일상 속에서 가끔 휴식을 갖는 것조차도 제법 어렵습니다. 휴식을 취하더라도 대부분 무언가를 읽고, 사람들과 얘기하고, 커피를 마시고 혹은 담배를 피우는데 '사용'합니다.

나무꾼처럼 가족과 함께 지내고 하늘의 구름을 함께 쳐다보는 것은 쉽습니다. 그러나 사람들은 아무것도 안 하는 재주가 없습니다. 많은 사람들은 마치 자신의 배터리가 영원할 것 같이 행동합니다. 그러나 유감스럽게도 그렇지 않습니다. 왜냐하면 첫째는, 정신적으로나 육체적으로 아프게 되었을 때 비로소 알아차리게 된 배터리 상태는 정말 무한하지 않기 때문입니다. 둘째는, 계속되는 일들이 행동양식을 바꿔보려는 우리를 방해하기 때문입니다.

프랑스의 수학자이며 철학자인 블레즈 파스칼은 이미 350년 전에 사람들의 모든 불행은 단 한 가지, 즉 "사람들이 방 안에 조용히 있는 것을 이해하지 못하는 것"에서 생긴다고 썼습니다. 물론 방에만 혼자 있을 필요는 결코 없습니다. 아무것도 안 하기(무위)는 숲에서, 바닷가에서, 기차에서 또는 공원의 벤치에서 아주 훌륭히 할 수 있기 때문입니다. 그 '기술'은 간단합니다. 전혀 아무것도 하지 않는 몇 분의 시간을 자신에게 할애하십시오.

- 전화기, 핸드폰 혹은 스마트폰을 끄십시오.
- 말하지 말고, 마음속으로 하는 혼잣말에도 가능한 한 몰두하지 마십시오.
- TV, 라디오, 컴퓨터도 끄십시오.
- 책도 읽지 마십시오.
- 음악도 듣지 마십시오.
- 긴장을 풀고 몸을 쉬게 하십시오. 눈을 감아도 됩니다.
- 절대 아무것도 안 하는 것을 즐기십시오.

검은 늑대는 스트레스를 좋아한다

당신은 더욱더 노력하는 대신에 이야기 속의 나무꾼처럼 긴장을 풀고 여유롭게 잘 살 수 있습니다. 그러려면 아마 성이나 요트를 포기해야만 합니다. 그 대신에 가치 있는 것을 얻게 됩니다. 즉, 스트레스 없는 삶입니다.

검은 늑대는 스트레스를 좋아합니다. 스트레스를 받게 되면 화가 쉽게 나고, 참지 못하여 불만이 가득하거나 좌절하게 됩니다. 부정적인 감정으로 당신이 소용돌이의 아래쪽으로 더 자주 빨려 들어갈수록, 마음속의 검은 늑대는 더욱더 편하게 먹이를 받아먹고 강해집니다.

스트레스는 복잡한 현상입니다. 스트레스는 '특별한 외적 자극들, 즉 스트레스 요소에 의해 발생하는 정신적 및 육체적 반응'이며, 이 반응은 '특별한 요구를 극복할 수 있는 능력'이라고 정의하고 있습니다. 여기서 자극, 반응, 처리 그리고 모순의 개념들이 중요한 역할을 합니다. 이해했습니까? 이해하지 못해도 괜찮습니다. 왜냐하면 기본적으로 우리는 스트레스가 있다는 것이 무엇인지 잘 알고 있기 때문입니다.

얼마 전, 나는 매우 급한 일이 있었습니다. 뮌헨에서 울름으로 가야 하는데 가끔 그렇듯 너무 늦게 출발했습니다. 만약 미리 교통정보를 봤다면 공사 중인 지역과 정체 가능성을 알았을 겁니다. 결국 끝없는 정체 구간에서 이를 부드득 갈면서 운전석에 앉아 있을 때 내가 태만했다는 것을 알았습니다. 이번 지각이 합의한 기한과 업무상의 관계 그리고 미래에 어떤 결과를 가져올 수 있다는 것에 대해 깊이 생각하지 않은 태만함 말입니다.

언젠가부터 내가 스트레스를 상당히 많이 받는 것은 분명했습니다. 그런데 몇 번의 깊고 천천히 하는 심호흡, 바꿀 수 없는 것은 가능한 한 빨리 벗어나야 한다는 생각이 나를 다시 평온한 상태로 돌아가게끔 도와주었습니다. 스트레스로 인한 자율신경의 효과사슬에 관한 이론이나 부신호르몬 아드레날린에 대한 이론은 스트레스를 줄이는데 필요치 않습니다. 일상적으로 사용하는 아주 간단한 스트레스 이론이 있습니다: *긴장한 상태에서 상황에 반응할 때 스트레스는 항상 나타난다.*

이 이론은 정말 맞습니다. 스트레스를 받는다는 것은 긴장하고 있다는 것입니다. 내려놓지 못하고 무엇인가를 꽉 붙잡고 있는 것입니다. 당신은 스트레스로 인해 어떤 상황에 대해 '예'라고 말하는 대신 '아니'

라고 말하게 됩니다. 간단히 말해서 스트레스의 문제는 항상 긴장감의 문제입니다.

스트레스는 자동으로 검은 늑대에게 먹이를 주는 것을 의미합니다. 그렇다면 가능한 한 스트레스 없이 사는 방법을 어떻게 배울 수 있을까요? 잘 알려진 많은 방법들이 있습니다: 요가, 육체적 운동, 근육 이완, 사우나, 건강한 식단, 시간 관리 등. 그러나 근본적으로 가장 효과적인 방법은 그냥 내려놓는 것입니다. 내려놓을 수 있는지 혹은 힘들고 어려운 상황을 태연하게 대응하는데 성공할지는 결코 기질과 우연의 문제가 아닙니다. 평안, 만족 그리고 행복은 무엇보다도 '연습의 문제'이기 때문입니다. 그리고 '아무것도 안 하는 것'은 내려놓기 연습에 좋은 방법입니다.

세 마리 염소
(스웨덴)

염소 세 마리가 깊은 숲속의 빈터에서 살았다. 그곳은 먹을 것이 충분했으나 큰 변화가 없었다. 점차 두 마리 염소는 불만족하게 되었다.

"항상 똑같은 풀을 먹고 싶지 않아. 저기 밖에, 숲의 건너편에 있는 초원에는 먹을 게 많이 있을 거야. 초원을 찾아가 보자!"

"좋아!" 한 염소가 외쳤다. "나도 함께 할게."

"싫어!" 다른 염소가 말했다.

"초원은 물론 풍족하겠지만 나는 여기가 마음에 들어. 나는 아무것도 부족하지 않아. 그리고 나는 잘 살고 있어."

그래서 두 염소만 길을 떠났다. 숲을 지나는 길은 힘들고 위험천만했다. 그들은 더 좋은 풀을 먹는 대신에 하마터면 곰의 먹이가 될 뻔했다. 비록 지치고 가시덤불에 찔리긴 했지만 마침내 그들은 숲의 끝에 도달했다. 그리고 실제로 넓고 풍부한 목초지가 눈앞에 펼쳐져 있었다. 그들은 곧바로 달려가서 풀을 먹기 시작했다.

며칠이 지난 후 한 염소가 말했다. "저기, 이 거대한 초원의 건너편에는 더 놀라운 초원이 있을 거야. 안전하고, 아주 맛있는 것과 신선한 샘물이 있을 거야. 자, 초원을 찾아가 보자!"

"싫어!" 다른 염소가 말했다. "물론 그 초원에는 맛있는 게 있을 거야. 그래도 나는 여기가 마음에 들어. 나는 여기서 부족한 것 없이 잘 살고 있어."

그래서 만족하지 못한 염소 혼자서 길을 떠났다. 염소는 격류가 흐르는 강을 건넜고 위험한 늪을 지났다. 모든 위험에도 불구하고 염소는 마침내 정말로 놀라운 목초지에 도착했다. 참을 수 없을 정도로 기뻤다. 하지만 한참 지난 후 중요한 사실을 알게 되었다. 사람들이 이곳으로 염소, 양, 소들을 데려와 풀을 먹이고 적당히 살이 찌면 도살해 잡아먹는 것이었다. 염소가 그것을 알아차렸을 때 너무 두려워서 도망치려고 했다. 그러나 목초지는 이미 철조망으로 둘러싸여 있었다.

염소는 몹시 두려웠으나 정신을 바짝 차렸다. 헛간 지붕 위로 기어 올라가 울타리를 뛰어넘는데 성공했으며, 늪을 지나서 격류가 흐르는 강을 건너 비옥한 초원으로 도망쳐왔다. 거기서 옛 친구를 만나 헐떡거리면서 자신이 겪었던 모험에 대해 이야기했다.

"그래서 다시 여기로 왔어. 여기는 괜찮아. 그러니까 여기서 잘 살 수 있을 거야."

그렇지만 다른 염소는 "착각하지 마. 여기도 위험해. 많은 동물들이 먹이를 찾아 여기로 와. 그리고 그들은 염소를 잡아먹어. 게다가 일주일에 한 번은 사냥꾼도 와... 아니, 더 이상 여기에 못 있겠어. 빨리 숲으로 돌아가자!"라고 재촉했다.

"그래!" 다른 염소가 말했다. "당장 떠나자."

그래서 그들은 힘들고 위험천만한 숲을 지나, 왔던 길을 되돌아갔다. 마침내 지저분하고 야윈 채로 옛날에 배불리 먹었던 숲속의 빈터에 도착했다.

"그래, 여기가 좋다. 부족한 게 없으니 우리는 잘 살 거야." 세 마리 염소가 말했고 다시 한마음이 되었다.

만족감의 비밀

불만은 심리적으로 긴장하게 합니다. 우리가 어떤 것에 만족하지 못할 때 항상 따라오는 메시지는 "어쨌든 별로야!"입니다. 세 마리 염소 이야기에서처럼 숲속의 빈터든지, 집, 파트너, 아이들 혹은 봉급이든지 - 이것들은 그냥 뭔가 부족해 보입니다. 하지만 한 가지는 명확합니다. 자신에게 부족한 것에 시선이 머무는 한, 우리는 궁핍함을 느낍니다. 부족하다는 생각과 정신적으로 굶주리면서 자신이 행복하길 바라는 것은 불가능합니다.

몇 년 전부터 나는 비스듬히 마주 보이는 고급 빌라에 살고 있는 부유한 이웃을 관찰했습니다. 그는 럭셔리한 자동차들을 좋아합니다. 아니 더 좋게 표현하면 그는 정말 자동차가 필요합니다. 그는 자신의 사회적 지위를 상징하는 자동차를 바꿉니다. 물론 여러분의 칫솔보다 더 자주 바뀌는 자동차에 대해서 더 이상 언급하지 않겠습니다. 단지 이상한 것은 그 남자의 웃는 모습을 아직 한 번도 본 적이 없다는 겁니다. 정말이지 전혀 못 봤습니다. 반대로 그는 항상 인상을 찌푸리며 언제나 급히 서두르는 것처럼 보였습니다.

- 만족하기 위해서 무엇이 필요할까요?
- 내면의 평화를 경험하기 위해서는 모든 것이 일치해야만 할까요?

외부의 목표들을 더욱 뒤쫓을수록, 이룰 수 없는 조건들에 행복이 얽매이게 될 위험이 커집니다. 만약 당신이 소망들을 이룬다면, 정말 오랫동안 더 행복할까요? 아니면 소망의 성취는 다시 채워져야만 하는 큰 공허함을 남길까요?

욕구, 열망, 충족 그리고 다시 공허함으로의 순환은 결코 끝이 없습니다. 알코올중독자, 게임중독자 또는 스트레스 중독자들은 이것을 매우 강렬하게 경험합니다. 그러나 누구나 점점 더 커지는 소망에 대한 느낌이 어떤지 압니다. 불만은 빨리 탐욕에 이르게 합니다. 불만은 정신적 평화뿐만 아니라 인간관계도 파괴합니다. 과장해서 말하면, 지구도 파괴할 겁니다.

항상 불만족스러울 수 있습니다. 그리고 항상 만족스러울 수도 있습니다. 불만족은 정신적 반응이자 관점의 문제이기 때문에 불만족하든지 만족하든지 간에 우리의 일입니다.

간단한 만족감 연습이 있습니다. 나는 그것을 "이 정도면 괜찮아"라고 부르겠습니다. 이 방법은 어떤 것도 더 이상 외부적인 것과 결부시키지 않는 겁니다. 편안함과 호화로움은 정말 좋습니다. 그러나 상황이 기대와 맞지 않더라도 괜찮습니다. 인생은 제멋대로 변하는 날씨와 같기 때문입니다. 불평할 수도 있고 화를 낼 수도 있고 다른 사람에게 책임을 전가할 수도 있으며 혹은 검은 늑대에게 다른 방법으로 먹이를 줄 수도 있습니다. 그리고 "이 정도면 괜찮아"라고 생각하며 웃을 수도 있습니다.

이런 초월하기 연습을 해볼 기회뿐만 아니라, 갑자기 마음속으로 "아니야"라고 말하거나 긴장을 풀고 "맞아"라고 할 상황들도 많이 있습니다. 어쩌면 호텔의 침대가 너무 딱딱하고 거리가 너무 시끄럽고 동료가 더 많이 해박하고 파트너가 더 열심히 일합니다. 어쩌면 주차하기 위해서 세 블록을 더 가야만 합니다. 혹은 빵집에 갔는데 초콜릿 크루아상이 다 팔려버렸습니다. 그리고 어쩌면 산책하는 동안에 비가 오기 시작합니다. 어떻게 하시겠습니까? 당신이 그것들을 바꿀 수 없습니다. 그러나 자신에게 이렇게 말할 수는 있습니다. "이 정도면 괜찮아, 언제나 그렇지 뭐."

우리는 무욕에 대해서 '통 안의 디오게네스'처럼 그렇게까지 할 필요는 없습니다. 디오게네스가 가지고 있던 것은 오직 물을 떠 마시는 사발뿐이었습니다. 그런데 그가 손으로 물을 마시는 한 아이를 보았을 때, 사발을 던져버리고 머리를 끄덕이며 말했습니다. "내게 필요 없는 것들이 얼마나 많은가!".

우리는 가끔 적은 게 더 좋다고 느끼기도 합니다. 얼마 전부터 미니멀리즘이라는 새로운 운동이 일어나고 있습니다. 삶의 방식에서 모든 과잉을 금지합니다. 미니멀리스트들은 머릿속을 다시 자유롭게 하고 매우 적은 짐만 가지고 생활을 하는 것을 동경합니다. 로마의 철학자 루키우스 안나이우스 세네카는 "욕망이 없는 자가 가장 많은 부를 가진 사람이다"라고 썼습니다. 이야기 속에서 불만이 많은 두 마리 염소는 세네카에 대해서 전혀 알지 못했습니다. 만약 알았다면 염소들은 힘든 여행을 하지 않았을 겁니다. 그러면 그것은 이야기로 만들어지지도 않았을 것입니다.

비추ㅣ뱀
(중국)

아주 오래전에 두 사람이 한마을에 살았다. 한 사람은 리, 다른 사람은 장이라고 불렸다. 리와 장은 가장 친한 친구였다. 하지만 살면서 각자의 길을 갔고 그렇게 시간이 흘러갔다. 그리고 어느 날 장이 큰 병에 걸려 앓아 야위었고 결국 죽었다.

리는 그를 애도했다. 그의 아들과 딸들도 애도했다. 그리고 많은 사람들이 날마다 묘지로 찾아와서 장이 저승에서 잘 되길 기원하며 지폐를 태웠다. 정말 아주 많은 돈이었다. 결국 그것을 보고 감동한 저승사자는 장을 천국에 있는 마을의 수호자이자 신의 대리인이 되게 했다.

시간이 흘러 리도 세상과 작별하는 날이 왔다. 리는 자신의 육체 이탈 후 서둘러 천국으로 갔다. 거기에서 리는 옛 친구 장을 만났고, 둘은 오랜 시간이 흐른 후 다시 만난 것을 무척 기뻐했다. 리는 잠시 동안 장과 함께 시간을 보냈다. 그리고 마침내 신의 대리인인 장은 옛 친구 리를 이승에 다시 태어나게 해야겠다고 결정했다.

"이승에 가야 할 시간을 자네가 결정하면, 내가 자네의 소망을 들어줌세."

"여전히 우리는 오랜 친구지 않은가. 나를 좀 더 좋게 해서 이승으로 다시 보내 주길 부탁하네."

"그럼, 당연하지."

"자네가 어떤 모습으로 다시 태어나길 원하는지만 내게 말해 주게나."

"나쁘게 받아들이지 말게. 4가지 소원을 부탁해도 되겠나?" 그리고 장이 대답도 하기 전에 리는 소원들을 나열했다.

"첫 번째, 나는 새로운 삶을 산에서 보내고 싶네. 두 번째, 형제가 많으면 좋겠네. 세 번째, 아이를 많이 낳아 줄 착하고 예쁜 여자를 얻고 싶네. 네 번째, 높은 관직에 계셨던 아버지처럼 입신출세 하고 싶네."

장은 옛 친구를 쓸쓸하게 바라보았다.

"자네는 너무 많은 걸 요구하는군. 자네의 모든 소원을 다 들어줄 수는 없네. 나는 그냥 신의 대리인이고 마을의 수호자일 뿐이라네."

"소망을 다 들어줄 수 없다면"라고 말하면서 리가 한숨을 내쉬었다.

"그러면 적어도 나를 천국의 보물창고에 보내 주게. 거기서 내가 어떤 의상을 선택하면, 자네는 내가 그 의상에 어울리는 모습을 갖게 해 주게나."

장이 머리를 끄덕이며 말했다. "지금 가 보세. 자네가 현명하게 선택하길 바라네!"

장이 보물창고의 문을 열어 주었다. 리는 놀라서 눈이 휘둥그레졌다. 그곳에는 멋진 의상들이 있었다. 모든 색상, 형태, 옷감에 진주와 금, 보석으로 치장한 의상들이... 리는 아무리 봐도 싫증이 나지 않았다. 그는 가장 멋져 보이는 의상을 고를 때까지 산더미 같은 의상들을 파헤쳤다. 마침내 그가 고른 옷은 화려하고 반짝반짝 빛이 났다. 특히 맑고 깨끗한 비취로 된 고급스러운 허리띠가 마음에 들었다.

"이게 정말 내가 찾는 옷이라네!" 리는 환호했다.

그리고 '이 옷은 위대한 군주의 것이었을 거야. 어쩌면 황제의 것이었을 수도 있어. 장이 다른 것을 생각해보라고 하기 전에 이 옷을 입고 가야겠다'라고 생각했다.

그는 재빨리 그 고급스러운 의상을 대충 걸치고, 마치 악마들에게 쫓기기라도 하듯이 천국을 떠났다.

장은 머리를 가로저으면서 동정하듯 떠나가는 리를 지켜봤다.

리는 달리고 또 달렸다. 들판을 넘어 숲을 지나 산속으로 달렸다. 매우 지치고 목이 말라서 마침내 샘물 가에 멈췄다.

"이제 옷을 입은 내 모습이 어떤지 알고 싶다..." 리는 말하면서 잔잔하고 맑은 물 위로 머리를 쑥 내밀었다.

그는 물속에서 자신을 바라보고 있는 소름 끼치는 뱀 한 마리를 보고는 깜짝 놀랐다. 뱀의 몸통에는 투명한 비취 같은 초록색 줄무늬가 있었다.

바라지 않고 행복하기

세상에 무엇을 소망할 때는 주의가 필요합니다. 텅 빈 주차공간, 휴가 중 청명한 날씨 혹은 이상형의 남성이나 이상형의 여성을 만나게 되기를 순진하게 바라는 것은 주의해야 합니다. 앞으로 자유롭게 살기를 원하면, 무슨 일이 있어도 심리상담사에게 그런 얘기를 해서는 안 됩니다. 다른 한편으로 유혹의 법칙도 과소평가해서는 안 됩니다.

당신은 거의 마법과 같은 방법으로 대상을 유혹할 수 있습니다 - 아마 로또 당첨, 새 신발 또는 튼튼한 조직체가 아니라, 정감, 기쁨 혹은 더 많은 삶의 에너지가 정확히 맞을 겁니다. 그러나 그것은 분명 순수한 소망으로 이루어지는 것이 아니라, 생각하고 말하고 행동한 것을 통해 이루어집니다! 그것을 원인과 결과의 법칙이라고 말합니다. 짧게는 '카르마(업)'라고 합니다.

순수한 소망에도 주의가 필요합니다. 그것은 "원하는 것을 생각하십시오. 그것이 실현될 수 있기 때문입니다"라고 아주 아름답게 말하는 것과 같기 때문입니다. 소망 중 많은 것들은 검은 늑대의 입에 군침이 돌게 합니다. 왜냐하면 소망들은 당신을 곧바로 불행으로 이끌기 때문입니다. 예를 들어 탐욕 때문에 생긴 소망은 물질적인 것입니다. 아주 작은 탐욕도 여전히 탐욕입니다. 권력, 명예 혹은 완벽함에 대한 소망은 더 불행할 수 있습니다. 그런 소망들은 스트레스를 주고 조만간 당신을 좌절과 불만족의 수렁으로 빠지게 합니다.

원래 소망은 환상이 문제입니다. 소망은 망상입니다. 머릿속에서 유령처럼 나타나 소망이 실현된 경우에만 미래가 행복해질 거라고 속이는 상상입니다. 그러나 첫 번째, 미래는 알 수 없습니다. 경험에 의하면 꿈과 현실은 아주 가끔 서로 가까워집니다. 두 번째, 소망은 혼자 오는 법이 없습니다. 소망은 재빨리 새끼를 낳기 때문에 언젠가는 그 칭얼거리는 새끼 소망들을 다뤄야만 합니다.

소망의 함정에서 벗어나기 위해서는 생명이 짧은 소망과 진정한 목표의 차이가 무엇인지를 분명히 알아야 합니다. 이것은 매우 현명하게 진정한 목표들을 끈기 있게 추구하는 것이며, 또한 피상적인 소망을 버리는 것입니다. 이것은 빠르면 빠를수록 더 좋습니다.

그럼, 유해한 소망을 어떻게 알 수 있을까요?

- 그 소망은 아주 잠시 동안만 당신을 만족시킬 수 있습니다.
- 만약 그 소망이 이루어져도 삶이 많이 바뀌지 않습니다.

- 소망 뒤에는 다른 욕구가 숨어 있습니다. 소망은 깊이 숨어 있는 것을 감춘 것뿐입니다.
- 소망이 이루어질 경우, 당신은 '행운' 또는 외적인 상황에 의존하게 됩니다.

그러면 진정한 목표를 어떻게 알 수 있을까요?

- 당신은 목표를 그냥 수동적으로만 바라보는 것이 아니라, 그것을 실현하려고 적극적으로 노력합니다.
- 그 목표를 따를 때 삶이 바뀌게 됩니다.
- 그 목표는 항상 새로운 기쁨과 환희를 줍니다. 머리뿐만 아니라 몸에도 '예스!'라는 신호를 줍니다.
- 진정한 목표를 추구할 때 창의력, 친화력, 지식 혹은 지혜로움, 수완 혹은 인내력, 집중력 혹은 공감과 같은 능력이나 자질 중 적어도 하나는 발전하게 됩니다.
- 진정한 목표를 좇는 것은 긍정적인 감정을 깨워줍니다. 더 편안하게 느끼게 되고 더 만족스럽고 더 여유로워집니다. 그리고 분명히 스트레스가 줄어들며 더 많은 활력을 갖게 됩니다.

자신의 욕구를 충족하기 위해 노력하는데 어느 누구도 거부감을 갖지 않습니다. 그러나 이 욕구들이 이기심에서 출발한 것인지 아니면 마음에서 나온 것인지에 따라 커다란 차이가 있다는 것을 생각해야 합니다. 즉 전자인 경우는 검은 늑대가 기뻐하고, 후자는 하얀 늑대가 좋아합니다.

수다쟁이
(핀란드)

핀란드 북쪽 끝자락에 있는 라플란드의 작은 마을에 카이팔라라는 여자가 살고 있었다. 못생기지도 않았고 역겨운 냄새도 나지 않는 그녀는 이미 혼기가 찼지만 신랑감을 찾지 못했다. 남자들이 가까이 다가오지 않는 이유는 그녀의 수다스러움 때문이었다. 말하는 것을 좋아한 데다가 말을 많이 했다. 그녀가 하는 말은 소문과 험담이었다. 누구나 실수 혹은 결점을 가지고 있기 때문에 사람들을 조금 험담할 뿐이라고 그녀는 생각했다.

그녀가 사람들에게 하는 말은 약간의 진실도 있긴 하지만 대부분은 거짓말이고 비방이었으며 악담도 섞여 있었다. 그러나 마을 사람들은 카이팔라를 싫어하지 않았다. 그들은 새로운 험담을 듣는 걸 좋아했고 그녀에게 기꺼이 대가를 주었다. 그렇게 그녀는 모든 소문의 진원지였다.

여러 해가 지났고 카이팔라는 자포자기했다. 보금자리를 따뜻하게 해 줄 남자가 있었더라면, 거친 일을 그만두고 사랑하고 아이를 가졌을 텐데.

결국 그녀는 어느 여름날 현자가 살고 있다는 깊은 숲속에 가기로 마음먹었다. 숲은 길도 없었고 온통 수풀로 뒤엉켜 있었다. 현자를 찾아가려면 대단한 용기가 필요했다. 그래서 그곳에 갔던 사람들은 대부분 매우 아프거나 불행한 사랑을 했던 사람들뿐이었다. 그녀 역시 사랑의 약초를 기대했다.

마침내 그녀는 숲속에 있는 현자의 오두막에 도착했다. 그곳에는 민들레가 피어 있었고 홀씨들이 별들처럼 흩날리고 있었다. 현자가 오두막에서 나와 그녀를 맞이했다. 그가 차를 권하자 그녀는 자신의 근심을 말했다.

현자는 그녀를 바라보면서 그녀의 생활과 마을에 대해 얘기해 보라고 했다. 그녀는 입을 열기 시작했고 소문과 풍설, 거짓말과 비방, 약간의 악담도 섞어 말했다.

"집 앞에 있는 초원으로 가거라. 네 개의 민들레에서 홀씨를 따서 씨앗을 네 개의 방향으로 불거라!"

그녀는 놀랐지만 속으로 생각했다. '바로 이것이 마법의 방법이구나!'

그녀는 홀씨를 따서 씨앗을 동서남북으로 분 후 기대에 부풀어 다시 현자에게로 돌아왔다.

"자, 그러면 이제 밖으로 나가서 그 씨앗들을 다시 모아 오거라!"

그녀는 눈이 휘둥그레졌다. "말도 안 돼요, 불가능해요!"

현자는 고개를 끄덕였다. "네 말처럼 씨앗들도 그렇게 사방으로 날아가서 그것을 다시 주워 담을 수 없단다. 그리고 그중 어떤 것들은 비옥한 땅에 떨어져 싹이 트고 자란단다."

카이팔라는 그의 말을 충분히 이해했고 그때부터 어떤 나쁜 말도 더 이상 입 밖에 내지 않았다. 다음 해에 그녀는 보금자리를 따듯하게 해 주고 거친 일을 그만두게 할 남자를 만나 사랑을 하고 아이를 가졌다.

고귀한 침묵에 관하여

최근 나는 불교중앙본부에서 주최한 주말 명상에 참여했습니다. 입소식에서 3일 동안 '고귀한 침묵'의 과정을 보내게 된다는 설명을 들었습니다. 나는 한참 동안 입을 다물고 있는 것이 불편하지 않았습니다. 하지만 참가자들이 언젠가부터 약간 색다른 행동을 하는 것을 보았습니다. 예를 들어 식사 중에 소금을 달라고 말할 수 없어서 눈짓으로 신호를 보내거나 일어나서 직접 소금을 가지러 가곤 했습니다. 구두 커뮤니케이션은 전적으로 의사 표현입니다. 이것을 침묵할 때 나는 분명히 깨달았습니다.

잠깐의 침묵이 큰 장점을 가지고 있다는 것도 분명해졌습니다. 말을 하지 않는 것은 불안한 정신을 평온하게 하는 효과가 있습니다. 침묵을 통해서 우리는 깨어나고 자신과 자신의 욕구에 대해 더 주의를 기울일 수 있습니다. "말이 많으면 잃는 것도 많다"라는 노자의 말씀을 이해할 수 있습니다. 침묵으로 많은 에너지를 아끼고 그것을 더 오래 지닐 수 있습니다.

말은 엄청난 힘을 가지고 있습니다. 올바른 말로 위안을 받을 수도, 동기를 부여할 수도, 누군가를 도울 수도 또는 자신의 입장을 전달할 수 있습니다. 거짓된 말로 다른 사람들에게 깊은 상처를 줄 수 있습니다. 게다가 모든 전쟁들은 항상 증오가 가득 찬 말로 시작합니다.

말은 생각하는 것보다 약간 더 무겁습니다. 그러나 행동처럼 그렇게 무겁지는 않습니다. 말은 사고와 행동의 중간에 위치하고 있습니다. 말을 통해서 두 방향에 영향을 줄 수 있습니다. 힘차고 긍정적인 말은 부정적인 생각을 정화시키고 행동에 더 많은 에너지를 줄 수 있습니다.

불교에서 '좋은 말'은 중요한 역할을 합니다. 이것은 말을 주의 깊게 선택해야 한다는 것을 의미합니다. 말은 하얀 늑대와 마찬가지로 검은 늑대도 배부르게 할 수 있기 때문입니다. 거짓말과 난폭하고 천박한 말과 욕설은 많은 손실을 가져올 수 있습니다. 소문과 수다 역시 부정적인 언어 행위이며 좋은 말의 원칙과 상반되는 것입니다.

약간의 수다는 물론 재미있습니다. 그런데 진짜 수다스러운 사람은 반대로 오히려 환영받지 못합니다. 그들은 듣는 사람이 등을 돌려도 조금도 이상하게 여기지 않고, 부정적인 정보들을 가지고 계속해서 퍼붓고 쉼표와 마침표도 없이 수다를 떨기 때문입니다. 혼자 계속해서 말하는 사람은 다른 사람보다 덜 열린 귀를 갖고 있습니다. 그래서 '말은 은이고 침묵은 금이다'라는 속담도 있는 것입니다.

적어도 말이 은이 되기 위해서는 3가지 간단한 질문이 필요합니다. 우리가 무언가를 말해야만 할 때, 이것을 먼저 자신에게 질문해야 합니다.

1. 내가 하고자 하는 말이 반드시 필요하고 중요한가? 그것이 해결과 개선에 기여할까?
2. 내가 하고자 하는 말이 친절한가? 하려는 말이 다른 누군가를 위로하거나 도와주는 데 도움이 되는가? 내 말을 상대방이 공감할 수 있고 충분히 이해할 만 한가?
3. 지금이 말하기 좋은 순간인가? 어쩌면 나중에 말하는 것이 더 나을 수 있으니 그냥 담아두고 있어야 하는가?

그 밖에도 소문과 수다는 정말 악의적이지 않아야 합니다. 편안한 대상에 대해서 수다를 떨 수 있습니다. 새로운 이탈리아 사람과 좋은 식사에 대해서, 작은 푸들과 함께 사는 친절한 가족에 대해서, 날씨에 대해서처럼. 여기서도 긍정적인 방향이 중요합니다. 우리가 이탈리아 레스토랑의 형편없는 서비스에, 옆집의 짖어 대는 푸들에 또는 장마에 대해서 흥분하기 시작한다면, 그 수다는 아주 빠르게 교활한 검은 늑대에게 발견되어 먹이가 되기 때문입니다.

고요함에 귀 기울이기

우리가 너무 많이 말하는지 이따금 알아차리지 못할 수 있습니다. 이유는 소문, 험담 그리고 수다는 습관이고 대부분 무의식적으로 시작하기 때문입니다. 문제는 그것을 무의식적으로 계속해서 평가하고 가치를 두고 판단한다는 것입니다. 다른 사람과 말할 때뿐만 아니라, 마음속으로 혼잣말을 할 때도 마찬가지입니다. "나는 왜 또 그렇게 멍청하게 처리했을까?", "나는 정말 멍청해. 할 수 있는 게 없어!", "맙소사, 나는 왜 성공하지 못하지?" 혹은 "왜 내 딸, 내 남편은 예의도 없고 불친절하지?" 등등.

다음의 연습은 내면에서 돌고 있는 흠집 난 음반을 찾는 데 도움을 줄 겁니다. 이것은 말에 대한 자각을 강하게 해 줄 뿐만 아니라, 내면의 평정을 한 걸음 한 걸음씩 이끌어 줄 연습입니다.

- 최소한 3분의 시간을 가지십시오. 5분에서 10분이면 더 좋습니다.
- 눈을 감고 똑바로 앉으십시오. 그러나 편안하게. 그리고 몇 번 숨을 깊게 쉬고 조용하고 차분하게 있으십시오.
- 이제 내면에 귀를 기울이십시오. 주의력을 조절하여 자신에게 귀를 기울이십시오. 정말로 아무것도 하면 안 됩니다. 오로지 단순히 내면의 대화가 있는지 없는지에 신경 쓰십시오. 그러나 내용에 접근하거나 확인하려 하지 마십시오. 깊이 생각하려고 하지 말고 관찰자처럼 약간 거리를 두고 그냥 바라보십시오. 더 좋게 말하면, 그냥 귀 기울이십시오.
- 할 말이 생각날 때마다 매번 자신에게 그냥 "내면의 소리를 듣자"라고 말하십시오. 그리고 만약 어떤 생각도 떠오르지 않는다면 '침묵'을 생각하십시오. 당신에게는 오로지 '켜는(on) 스위치'와 '끄는(off) 스위치' 2개의 스위치만 있습니다.
- 잠깐 동안 내면의 대화를 관찰하고 그 대화가 아주 잘 진행되도록 긴장을 푸십시오. 시간이 지나면 생각이 더 차분해지고 말 중간의 휴식 시간이 더 길어집니다. 정신 활동을 관찰하고 내적 고요함을 즐기십시오. 침묵이 생길 때마다 그 침묵 속으로 깊이 빠져들어 가십시오.

시간이 없다
(스웨덴)

나그네가 숲속에서 나왔을 때 작은 농가를 보았다. 한 농부가 가축들에게 물을 주려고 양동이를 계속 나르고 있었다. 가까이 다가간 나그네는 그가 하는 일이 얼마나 형편없는지 알아차렸다. 물통에 구멍이 나 있어서 물이 금세 새고 있었기 때문이었다.

나그네는 더 가까이 다가가 숨을 헐떡이며 양동이를 나르고 있는 농부를 고개를 가로저으면서 관찰했다. 농부는 나그네를 보자 그에게 짧게 목례하고는 양동이를 들고 헐레벌떡 지나갔다.

결국 나그네는 더 이상 참지 못하고 말했다.

"잠깐만요, 도대체 뭐 하시는 거예요? 물통에 커다란 구멍이 나 있어서 물이 다 새는 게 안 보이세요?"

"예, 나도 분명히 봤어요!" 농부가 숨 가쁘게 말했다.

"그러면 물을 그만 나르세요. 먼저 구멍부터 막아야죠!"

"아니에요. 그럴 시간이 없어요. 가축들에게 물을 줘야 해서요!"

가엾은 거위에 대한 생각

이야기 속의 농부는 그것만이 옳다고 생각하고 있습니다. 가능한 한 빨리 가축들에게 물을 주려고 합니다. 하지만 자신의 열의로 가장 중요한 것을 모르고 있습니다.

아마 당신도 물을 나르면서가 아니라, 업무에서 혹은 일상생활에서 분명히 이러한 일들이 있었을 겁니다.

이따금 우리는 모든 다른 것을 잊어버리고 해결 방법에만 완전히 얽매입니다. 유감스럽게도 전혀 나쁜 의도 없이 검은 늑대에게 먹이를 줄 수 있습니다. 바로 다음 과제를 서둘러 하고 이어서 다른 업무를 해결합니다. 그리고 여기서 정말로 무엇이 중요한지를, 즉 자신을 잊어버립니다.

당신이 가축의 물통입니다! 당신은 - 내가 이렇게 말해서 미안하지만 - 거위입니다! 황금 알을 낳는 거위입니다. 아주 아름다운 황금 알은 반짝반짝 빛이 납니다. 하지만 거위가 죽거나 너무 지쳐서 연못가에 등을 대고 누워 있다면 황금알을 더 이상 낳지 못합니다.

효율적인 행동을 위한 중요한 규칙 중에 하나는 "당신의 자원을 관리하라!"입니다. 만약 좋은 상태의 샘이 있다면, 당신은 개울을 걱정할 필요가 없습니다. 그리고 강의 상태도 걱정할 필요가 없습니다. 그 샘이 당신입니다. 자신에게 주의를 잘 기울이면 모든 것은 자연스럽게 조화로운 방법으로 풀리게 될 것입니다.

그러면 자기 자신에게 주의를 잘 기울인다는 것은 무엇일까요? 건강한 휴가? 더 많은 과일 섭취? 새로운 로션? 그 어떤 것도 나쁘지 않습니다. 이따금 과일이 놀라운 기적을 일으킬 수도 있으니까요. 하지만 자신을 관리하고자 한다면, 자신에게 무엇이 필요한지 알아야 합니다 - 그것도 매 순간. 왜냐하면 사람의 욕구라는 것은 순간순간 변하기 때문입니다. 여기서 필요한 마법의 단어는 '스톱'입니다.

몇 시간 동안이나 양동이를 나르면서도 목표에 도달하지 못하는 상황을 피하고 싶다면, 다음 3가지 방법 중 하나를 할 수 있습니다. 첫 번째는 실패할 때까지 그냥 계속하면 됩니다. 두 번째는 영리한 대안으로 즉시 포기하면 됩니다. 세 번째는 멈추면 됩니다. 세 번째가 가장 현명한 방법입니다. 행동을 멈추고 모든 기계를 '정지'에 맞추십시오. 몇 번 숨을 깊게 들이 마시고 마음을 가라앉히십시오. 그리고 본질적인 것을 간과하지 않았는지 한번 생각해 보십시오. 우리는 이 방법을 '잠시 멈추기'라고 합니다.

잠시 멈추기

당신이 하는 일이 짜증나고 힘들어지기 시작할 때면, 항상 다음의 명상을 실행해 보십시오. 이때 앉아 있든지, 서 있든지, 누워 있든지 그리고 눈을 뜨고 있든지, 눈을 감고 있든지 전혀 상관없습니다.

- 움직임을 멈추십시오. 하고 있는 것을 지금 잠깐 그만두십시오. 속으로 "스톱!"이라고 말하십시오.
- 주의를 이제 자신의 몸으로 돌리십시오. 잠시 몸 상태를 확인하십시오. 자세가 어떻습니까? 몸의 어느 부분에서 긴장이 풀리는 것을 느

끼십니까? 어디에서 긴장상태 혹은 통증을 느낄 수 있습니까?
- 방금 어떻게 숨을 쉬었습니까? 빨리 아니면 천천히, 깊게 아니면 짧게, 규칙적으로 아니면 불규칙적으로?
- 지금 생각과 감정이 어떻습니까? 이 순간 무엇을 생각하고 있습니까? 기분이 어떻습니까?

이 방법은 무언가를 바꾸기 위한 것도 아니고, 당신의 상태가 '좋은지' 또는 '안 좋은지'를 평가하기 위한 것도 아닙니다. 지금 여기에 무엇이 있는지를 잠깐 바라보는 것입니다. 이것이 전부입니다. 이것만으로도 충분합니다. 당신의 마음은 지금 무엇이 자신에게 이로울 것인지 아주 정확히 압니다. 그러므로 마음속에서 나오는 낮은 목소리에 귀를 기울이고 다시 과제에 몰두하십시오. 그리고 만약 필요하다면 물통에 있는 구멍을 막으십시오.

동굴 속의 개
(노르웨이)

마을에 겁쟁이로 유명한 개가 있었다. 새끼 때부터 그 개는 다른 개들 앞에서 벌벌 떨었고 사람이 가까이 다가오면 물으려고 했다. 그러던 어느 날, 그 개는 모험심이 발동해서 마을을 벗어나 산으로 달렸고 시원한 바람이 부는 바위에 도착했다. 개는 바람이 불어오는 곳으로 가다가 동굴 입구를 발견했다. 그리고 조심스럽게 공기 중의 위험스러운 냄새를 확인했다.

한참 동안 망설이던 개는 동굴 안으로 들어갔다. 동굴은 매우 어두웠다. 오른쪽으로 나 있는 통로에는 밝은 빛이 들어오고 있었다. 그곳으로 들어가자, 바위 틈새로 햇살이 비치고 있는 거대한 동굴이 나타났다. 그런데 동굴 속에는 그와 비슷한 크기의 100마리의 검은 개들이 있었다. 그 개들은 입을 높이 올려서 이빨을 드러냈으며 목덜미의 털을 새우고 으르렁거리며 짖기 시작했다.

겁쟁이 개는 꼬리를 내리고 재빨리 동굴에서 도망쳐 나와 다시 마을로 돌아왔다.

그 개가 친구에게 자신의 모험담을 얘기했을 때, 친구는 호기심이 생겼다. 도대체 동굴 속 개들과 그에게 무슨 일이 있었을까? 아마도 거기에 보물이 숨겨져 있었을까? 그 개들은 무엇을 지키고 있었을까?

겁쟁이 개는 친구에게 조심하라고 경고했지만, 여태껏 두려움을 몰랐던 친구는 동굴을 직접 보기로 결심했다. 개들은 후각이 매우 발달했기 때문에 친구는 다음날 겁쟁이 개의 자취를 냄새로 알 수 있었다.

친구 개는 호기심에 가득 차서 따라갔다. 결국 바위를 발견했고 동굴 입구를 찾았다.

거대한 동굴 안에 들어섰을 때, 그곳에는 실제로 거의 자신과 같은 100마리의 크고 강하고 하얀 개들이 있었다. 하지만 그 개들은 그를 놀랍고 호기심 가득한 시선으로 꼬리를 흔들면서 친근하게 바라보았다.

태양이 구름에 덮이고 날이 어두워졌을 때, 친구 개는 '날씨도 안 좋은데 돌아가는 게 좋겠다!'라고 생각했다.

그는 다른 개들을 다시 한번 친근하게 바라보았고 이별을 고하는 목소리로 짖었다. 그리고 마을이 있는 방향으로 몸을 돌렸다.

100개의 거울이 있는 동굴은 마침내 조용해졌다. 거울들은 다시 서로를 비추고 있었다.

거울 앞의 감정

감정은 전이된다 - 아이들도 이미 그것을 알고 있다.
기분이 안 좋은 상태의 사람은 주변 분위기를 망친다.
반대로 햇빛처럼 밝게 인생을 사는 사람은
어디서든지 빛나는 얼굴을 만난다.

약 25년 전에 한 학자는 원숭이의 뇌 속에서 거울 뉴런을 발견했습니다. 인간에게도 있는 뉴런은 우리가 동료의 감정에 '똑같이' 반응하게끔 합니다. 거울 뉴런은 우리가 어떻게 다른 사람들을 느끼는지, 예를 들어 고통받고 화내고 기뻐하는 느낌을 감각적으로 파악하게 하는 신경 생물학적인 토대를 만듭니다.

웃음도 옮겨집니다. 슬픔도 역시 전달됩니다. 공격적인 사람은 다른 사람을 공격적이게 만듭니다. 평온하고 태연한 사람은 그의 친구, 파트너, 아이들, 동료 혹은 슈퍼마켓의 계산원을 편안하고 차분하게 만듭니다. 개인의 감정은 어떻게든 타인의 감정과 섞입니다. 다른 말로 하면 이렇습니다.

자신의 불안, 분노 그리고 의기소침으로 인해
우리는 자신의 검은 늑대뿐만 아니라,
만나는 모든 사람들의 검은 늑대에게도 먹이를 준다.

그래서 우리의 나쁜 기분은 단지 욕실 거울뿐만 아니라 미래에도 반영됩니다. 그리고 더 나아가서 분명히 이미 알았던 다른 현상도 따라옵니다. 어떤 상황에서 취하는 우리의 태도는 전체 상황을 변화시킵니다. 감정이 전달된다는 사실은 다음 3가지 결과를 가져옵니다.

1. 다른 사람들은 죄가 없습니다. 그들은 우리가 생각하는 것보다 훨씬 더 죄가 없습니다. 만나는 모든 사람들은 우리에게 거울을 들이댑니다. 이것은 때때로 불편하지만, 아주 큰 장점도 가지고 있습니다. 그것은 당신이 - 오로지 당신 혼자가 - 당신 세계의 건축가라는 것을 말하기 때문입니다. 부다는 말했습니다. "우리는 우리가 생각하는 것이다. 우리의 생각으로 우리는 세계를 만든다. 맑은 사고를 가지

고 말하고 행동하라. 그러면 그림자처럼 행운도 당신을 따라올 것이다."

2. 힘들어하고 불편해하고, 불평하거나 불만이 많은 사람을 만나는 것을 피하십시오. 당신의 직업이 심리상담사가 아니라면 그리고 당신이 선택할 수 있다면 피하십시오. 애석하게도 당신은 그런 부정적인 영향력에 대항할 면역력이 없기 때문입니다. 항상 그런 부정적인 것들에게서 스스로를 보호하십시오.

3. 실내에 들어갈 때 외투를 옷걸이에 걸어 놓습니다. 신발도 벗어 놓습니다. 어떤 만남이나 상황에서 자신의 기분이 어떨지를 잘 알고 있고, 그것이 당신에게 안 좋은 영향을 끼칠지 안다면, 어쩌면 더러운 신발을 벗는 것처럼 그것들에서 벗어나는데 성공할 겁니다. 그것이 항상 성공하는 것은 아닙니다만 주의를 하는 것은 좋습니다. 우리는 가끔 지나간 상황에서의 부정적인 감정을 새로운 상황으로 가지고 갑니다. 코앞에서 버스를 놓쳤기 때문에 우리는 화를 내고, 그러고 나서 나쁜 기분을 사무실로 가지고 옵니다. 이런 방법으로 때때로 하루 온종일 검은 늑대에게 속박됩니다. 더 정확히 말해서, 검은 늑대가 우리를 마음대로 조종합니다.

모든 새로운 상황, 모든 새로운 공간, 게다가 지나가는 모든 문은 당신에게 깊이 심호흡을 하게 하고 부정적인 것을 정화할 기회를 줍니다. 만약 동굴 속 100개의 거울에서 사나운 짐승들이 당신과 마주하길 원하지 않는다면 검은 늑대를 숲 밖에 놔둬야 합니다.

옷감 장수
(인도)

인도 자이푸르에 라집이라는 옷감 장수가 살았다. 그의 가게는 작았으나 한 곳에서 오랫동안 장사했다. 고조부가 가게를 처음 열었고, 이후 가족은 항상 가게를 이어갈 아들을 낳았다. 많은 재산을 모으지는 못했으나 가게는 언제나 생계를 넉넉하게 했다. 그런데 이제 같은 거리 바로 건너편에 새로운 커다란 포목점이 문을 열었다. 라집의 가게보다 규모가 훨씬 컸다.

그는 걱정했다. 가게가 살아남을 수 있을까? 여하튼 손님을 잃을 것이다. 어쩌면 모든 것을 잃을 수 있고 구걸하러 다녀야 할지도 모른다. 가족은 굶주리게 될 것이고 아들도 낳지 못한 채 가난 속에서 허덕이다 죽게 될 것이다. 그는 정말이지 다른 것은 아무것도 배우지 않았다. 어렸을 때부터 가게에서 놀았고 나중에는 거기서 배우고 일을 했다. 그는 커다란 근심에 쌓여 밤마다 잠을 잘 수가 없었다.

다음날 아침 일찍 그는 사원으로 가서 지혜로운 바라문과 얘기를 나눴다. 그는 자신의 근심에 대해 설명하고 조언을 부탁했다. 지혜와 부의 신 가네샤에게 제물을 바쳐야 할지 아니면 자신의 운명을 인내하며 그대로 받아들여야 할지 물었다.

바라문은 경청하면서 라집이 마지막 말을 할 때까지 조용히 앉아있었다.

"가게 문을 여는 매일 아침마다 가네샤를 위한 향을 피우고, 그에게 가게에 은총을 내려 달라고 비십시오. 그러고 나서 당신이 지금 경쟁자로 여기는 가게 쪽으로 몸을 돌리십시오. 그리고 그 가게에도 은총을 내려 달라고 똑같이 비십시오."

라집은 이마를 찡그렸다.

"존경하옵는 바라문님, 제가 올바르게 이해했습니까? 저의 가게를 무너뜨리고 저를 가난 속으로 빠져들게 할 경쟁자를 위해서도 제가 은총을 빌어야만 합니까?"

바라문은 고개를 끄덕였다.

"예, 마음속에 있는 선함은 은총이 되기 때문입니다. 당신 마음속에 있는 모든 악의, 분노, 걱정은 당신에게 그리고 마음속의 모든 것에 독이 됩니다. 제가 말한 것처럼 그렇게 하십시오. 그리고 더 이상 걱정하지 마십시오."

라집은 의심했다. 하지만 곰곰이 생각했다. 그리고 그는 바라문이 충고한 것을 충실히 실행했다. 아침마다 가게 문을 열 때면 그는 가네샤에게 자신과 가게의 은총을 빌었다. 그러고 나서 경쟁 가게의 은총도 빌었다.

첫 번째 날에 고난이 닥쳤다. 유난히 많은 사람들이 길 건너편의 가게를 방문했다. 그렇지만 그는 걱정과 미움이 자신의 마음속에서 조금씩 멀어지는 것을 느꼈다. 그리고 마침내 건너편 가게에 사람들이 많이 가긴 해도 – 이 거리에는 이전보다 훨씬 많은 사람들이 다녔다 – 많은 사람들이 자신의 가게에 온다는 것을 알아차렸다. 월 말에 그는 그해 어느 달보다도 더 많은 돈을 벌었다는 것을 알았다.

어느 날 그는 이웃을 만나 이야기했다. 그러자 이웃은 웃으면서 말했다.

"예, 정말, 라집! 사람들은 당신이 경건하고 공손하며 당신 마음에 미움이 없는 것을 압니다. 그리고 그들은 당신의 지식과 물건들이 비교할 수 없다는 것을 잘 알고 있기 때문에 당신에게로 갑니다."

다음날 아침 라집은 다시 사원으로 달려가서 지혜로운 충고를 해준 바라문에게 감사의 마음을 전했다.

긍정적 사고는 절반의 성공이다

위험한 상황에 봉착하면 어떻게 반응합니까? 만약 갑자기 적이나 경쟁자가 등장해서 일 혹은 파트너에 대한 당신의 권리를 인정하지 않는다면 당신은 어떤 감정이 생깁니까? 당신은 - 대부분의 사람들처럼 - 걱정과 질투, 분노와 시기심을 품고 반응할 가능성이 상당히 있습니다. 그러면 그런 '패닉 반응'은 정말로 피할 수 없는 것일까요? 괴로운 감정을 단순히 긍정적인 사고로 변화시킬 수 있을까요?

'긍정적 사고'의 개념은 약 150년 전에 생겼습니다. 랄프 왈도 에머슨, 프렌티스 멀포드, 조셉 머피와 같은 선구자들이 있었고, 후에 상담 작가들은 '강력한 사고'는 우리 의식에 지속적으로 영향을 끼쳐서 우리가 더 행복해지고 더 만족하게끔 만든다고 했습니다.

그러나 안타깝게도 긍정적 사고의 활용은 감정을 지속적으로 변화시키는 데는 별로 쓸모가 없다고 나타났습니다. 만약 날마다 1000번씩 '나는 기쁘고 만족한다'와 같이 강력한 생각을 암송한다면 모든 앵무새

와는 경쟁을 하겠지만, 그것으로는 당연히 아무것도 변하지 않습니다. 전혀 기쁘지 않고 불만족하고 모든 것이 잘 풀리지 않는 날이라는 것은 아무리 매번 좋은 이유를 갖다 대도 변하지 않습니다.

특히 불안정하거나 우울증을 가진 사람의 경우에는 긍정적 사고에 의한 폐해가 정신심리학 연구들이 제시하는 편익보다 종종 더 큽니다. 그런데 다른 한편 우리의 사고는 자신의 행복에 아주 강한 영향을 준다는 증거도 역시 있습니다. 최근의 뇌연구에서는 '사고의 틀'의 변화가 뇌 활동에 긍정적인 영향을 오랫동안 준다고 합니다.

그럼, 이 모순적인 주장들은 어떻게 나오게 된 걸까요? 아주 간단합니다. 긍정적으로 생각하는 것으로 충분하지 않기 때문입니다. 마음속으로 표현하는 단어들을 느끼고 있지 못한다면, 그것은 아무런 소용이 없습니다. 기쁨, 사랑 또는 용기와 같은 단어들은 정말 단순히 단어의 껍데기일 뿐입니다. 그것으로부터 느낄 수 있는 감정 상태가 되기 위해서는 자신의 마음 또한 여행을 보내야만 합니다.

오직 생각과 감정이 같은 방향으로 가고 있을 때에만 자신을 열 수 있습니다. 방안이 숨 막힐 것 같으면 다시 숨을 쉬기 위하여 창문을 여는 것처럼 마음을 열어야 합니다. 단순히 긍정적으로 생각하는 것과 다른 점은 긍정적인 생각뿐만 아니라, 그것에 알맞은 좋은 감정을 찾아내기를 시도하는 것입니다. 스트레스가 많은 상황에서는 의식적으로라도 긍정적 사고와 감정을 찾으려고 노력해야만 합니다. 그럴 때에야 긍정적인 사고와 감정 혹은 약간의 의식들이 당신을 지원하고 도와줍니다.

경쟁자가 길 건너편에 가게를 열었을 때, 옷감 장수는 바라문에게 자기 자신과 '경쟁자'를 위해 은총을 빌라는 조언을 얻었습니다. 우리도 그렇게 할 수 있습니다. 우리는 향에 불을 붙이지 않아도 되고 가네샤 피규어를 만들지 않아도 됩니다.

불교에서 '선'에 대한 명상은 가장 핵심적인 것입니다. 명상은 마음을 어둠 속에서 벗어나게 해 주고, 특히 조화로운 분위기와 동시에 누구나 발전하고 행복하게 될 수 있는 이상적인 조건을 만들어 줍니다. 다음은 역시 간단한 명상입니다. 다른 사람들과 어울리는데 어려움을 겪고 있다면, 특히 더 잘 활용할 수 있을 겁니다.

자신과 경쟁자를 위한 마음의 명상

당신의 정신, 생각, 감정 그리고 행동은 모든 주변 환경에 영향을 줍니다. 다음 명상은 당신이 어려운 상황에 있더라도 평온하게 만드는 데 도움을 줄 겁니다. 먼저 이 명상은 자신을 평화롭게 해줍니다. 이것은 모든 다른 것들을 위한 전제조건입니다. 당신이 걱정과 의심에 휩싸여 있는 한, 자신을 위해서도 다른 사람을 위해서도 조금밖에 할 수 없게 됩니다. 그러므로 이 명상은 자신을 포옹하면서 시작하십시오. 그다음에 당신을 위협한다고 느끼거나 경쟁자로 생각하는 사람들에게 자비로운 선을 베풀 수 있습니다.

처음에는 어쩌면 명상을 머리로 조정하려 할 것입니다. 그것은 아주 당연한 것이고 문제가 되지 않습니다. 시간이 지나면서 선의를 감지할 수 있는 감정을 발전시키는 것이 점점 더 나아질 것입니다.

자 그럼, 제일 먼저 긴장을 풀고 자리에 앉으십시오. 이어서 눈을 감고 잠시 안정을 취하십시오.

그다음에 마음속으로 여러 번 천천히 다음 문장을 반복하십시오.

내가 행복하고 평화롭기를.

내가 걱정 없이 즐겁게 살기를.

이 문장을 긴장을 풀고 반복하십시오. 이때 당신은 다른 아무것도 해서는 안 됩니다.

여러 번 반복 후에 단어를 약간 바꾸십시오.

숨을 들이마시고: *모든 존재가* - 숨을 내쉬고: *행복하기를.*

숨을 들이마시고: *모든 존재가* - 숨을 내쉬고: *안전하기를.*

숨을 들이마시고: *모든 존재가* - 숨을 내쉬고: *평화롭고 밝기를.*

이 방법을 몇 번 더 반복하십시오. 그리고 몸과 정신의 긴장을 푸십시오.

이 명상을 마치기 위해서 주의를 몸에 집중하십시오. 그다음 눈을 다시 뜨기 전에, 몇 번 깊게 숨을 쉬십시오.

왕의 반지
(아일랜드)

피온 왕은 늙어 갔다. 그는 어렸을 때도 그리고 성인이 되어서도 용감했다. 모든 위험에도 두려워하지 않는 전설이었다. 하지만 지금 전쟁이 임박해 있다. 이웃 왕국이 전쟁을 일으켰기 때문이다. 피온 왕은 점점 자주 위험과 자신의 마지막을 생각했다.

결국 왕은 마법사의 묘책으로 벗어나기를 결심했다. 그는 가장 절망적인 상황에서 자신을 구해줄 수 있는 방법을 알려 주는 사람에게 소망을 들어주겠다고 했다. 갑자기 술집에 있는 사람들보다 마법사들이 더 많이 있는 것 같았다. 왕에게 도움을 주려는 사람들이 너무 많았다. 그래서 왕은 만약 방법이 효과가 없다면 소망을 들어주는 대신 고문으로 보답할 것이라고 알렸다. 그러자 마법사들이 몇 명 안 남게 되었다.

녹색 산에서 온 마법사가 왕에게 커다란 마법의 주전자를 주었다. 가장 절망적인 시간에 주전자에 들어가서 안에 새겨 놓은 신비로운 루네 문자를 큰소리로 읽되 여러 번 반복해야만 한다고 했다.

왕은 커다란 주전자를 바라보았고 '위급한 전투 상황에서 어떻게 주전자 안으로 기어서 들어갈까?'라고 상상했다. 그리고 그는 경멸하듯 머리를 가로저으며 녹색 산의 마법사를 끌어내게 했다.

백합 계곡의 마법사가 등장했다. 그는 왕에게 가장 절망적일 때 원하는 장소로 옮겨 주는 외투를 주었다. 하지만 그전에 왕이 마법의 주문으로 움직이는 칼을 자신의 심장에 꽂아야만 한다고 했다.

왕은 이맛살을 찌푸렸다.

"내가 이 칼로 나의 심장에 찌르라고? 그런데 만약 마법이 들지 않는다면 나는 너에게 벌을 줄 수도 없다. 나는 네가 이 외투의 마법을 먼저 한번 시연해 주길 바란다."

결국 백합 계곡에서 온 마법사는 백합처럼 하얗게 변하고 순식간에 사라져버렸다. 그는 자신이 가짜 마법사가 아니라는 것을 입증했다. 그 마법사는 자신이 말한 것을 보여 준 유일한 마법사였다.

다른 몇몇 마법사들은 그 사이에 소리 없이 사라져버렸다. 단지 한 노인이 아직 거기에 남아 있었는데, 그는 왕의 고문이 숲속의 오두막에서 데려온 노인이었다. 고문은 그가 마법에 능통하다고 왕에게 말했다.

노인은 왕 앞에 다가섰다. 그는 전혀 두려워하지 않고 말했다.

"폐하, 저는 부귀를 원하지 않습니다. 저는 단지 억지스러운 소원을 들어주기 위해 제 오두막에서 끌려 나오지 않기를 바랄 뿐입니다."

노인의 말이 좀 건방졌지만 왕은 마음에 들어 하며 웃었다.

"솔직하다, 노인. 하지만 나는 너를 더 이상 오두막으로 돌려보내지 않을 것이다. 네가 나에게 절망에서 벗어나게 하는 방법을 알려 주지 않는 한 말이다."

노인은 미소 지으며 고개를 끄덕였다.

"그러면 이렇게 하시지요. 손에 끼고 있는 반지를 저에게 주십시오."

사실 그것은 건방진 말보다 훨씬 더 파렴치한 것이었다. 하지만 왕은 앞으로 어떻게 진행될지 궁금했기 때문에 자신의 반지를 노인에게 넘겨주었다. 그러자 노인은 칼로 반지 틀에서 커다란 보석을 빼냈다. 그리고 주머니에서 작은 조각의 양피지를 꺼내 그것을 반지 틀 위에 놓고 보석을 다시 그 위에 끼워 놓았다. 그런 다음 반지를 왕에게 돌려주었다.

"잘 들어 보십시오, 폐하. 만약 폐하가 크게 흥분한다면, 그러면 보석을 빼고 양피지를 꺼내 똑바로 쳐다보십시오."

왕은 약간 실망했다. 그는 어떠한 증명도 요구할 수 없다는 것을 알았다. 왕은 노인에게 감사를 전하고 돌아가게 했다.

얼마 후 왕국은 공격을 받았다. 왕은 전투에 나가 용감하게 싸웠으나 적군에게 추격당하게 되었다. 왕은 부상을 입었고 늪지대를 지나 도망가는 중에 말의 다리가 부러졌다. 결국 그는 적군에게 붙잡히고 말았다. 그들은 그를 성으로 데려가 어두운 지하 감옥에 가뒀다.

깊은 절망 속에서 왕은 잃어버린 왕국, 부인 그리고 두 딸을 생각했다. 그때 노인의 반지가 떠올랐다. 그는 입가에 씁쓸한 미소를 머금었다. 보석을 끄집어내고 작은 조각의 양피지를 손에 들었다. 아주 작은 글씨로 그 위에 무언가 쓰여있었다. 왕은 양피지를 눈에 가까이 가져갔고 그 위에 한줄기 빛이 들어왔을 때 글자를 읽을 수 있었다.

"이 또한 지나가리라."

왕은 씁쓸하게 대소했다. 그러고 나서 미소를 머금은 후 아주 차분해져 갔다. 그의 마음이 평온해졌다. 그리고 평화로움이 마음속에 깃들자, 용기와 희망이 다시 생겼다.

얼마 후 피온 왕의 병사들이 성으로 쳐들어와 왕을 구출했다. 그것뿐만이 아니었다. 성을 점령하고 전쟁도 이겨버렸다.

왕은 승리한 영웅으로 돌아왔고 국민들은 그를 향해 환호했다. 그리고 그의 부인은 그가 그토록 원하던 아들을 안겨 주었다. 왕은 기뻐서 가슴이 벅차올랐다.

그때 왕은 "만약 폐하가 크게 흥분하면 양피지를 똑바로 바라보십시오"라는 노인의 말을 생각했다.

"이 또한 지나가리라."

다시 마음에 평화가 찾아 들었다. 그리고 그는 '모든 것은 덧없다. 나쁜 것도 좋은 것도 덧없다. 현명한 사람의 마음은 덧없는 흥망성쇠에 있는 것이 아니다'라는 것을 깨달았다.

피온 왕은 현명하고 훌륭하게 통치했고 입가에 미소를 지으며 죽었다.

덧없음의 축복에 관하여

남쪽 바다의 섬에서 해먹에 누워 시원한 피나 콜라다 칵테일을 천천히 마시면서 긴장을 풀고 편안하게 있는 건 전혀 어렵지 않습니다. 하지만 반대로 직장에서 인원 감축이 있거나 혹은 다음 달 방세를 낼 방법이 막막할 때 태연할 수는 없을 겁니다.

그럼에도 두려움, 걱정, 낙담이 생기는 바로 그 순간에 당신은 침착함을 최고로 단련할 수 있습니다. 정확히 지금 침착한 것이 특히 중요하고 도움이 됩니다. 마음에 평온함이 있는 동안은 어쨌든 모든 것이 정말로 최상이 됩니다. 그러므로 엄청난 위기가 닥쳐올 때 더욱 적극적으로 안정을 찾으려고 해야 합니다.

그럼, 하얀 늑대에게 침착함의 먹이를 주는 간단한 방법을 3가지 적어 보겠습니다.

1. 인생에서 모든 것이 잘 풀리고 있다면, 좋습니다. 즐기십시오. 즐겁고 편안하게 있으십시오.
2. 어떤 일이 잘 안 풀리면, 그것도 좋습니다. 그 일이 잘 되도록 긴장을 푸십시오. 즐겁고 편안하게 있으십시오.
3. 그리고 어떤 일이 너무 굴곡이 심해서 컨트롤을 못하겠다면, 그러면 일단 즐겁고 편안하게 중도를 지키려고 해 보십시오.

물론 혼돈의 한 가운데서 신경 끄기란 쉽지 않습니다. 매우 어렵다고 생각합니다. 하지만 평온함을 유지하는 것이 최상의 선택임이 분명해지고, 당신이 뒤집을 수 없다는 사실을 받아들이게 되면, 그것은 반대로 훨씬 쉬울 수 있습니다. 모든 것은 지나갑니다. 일어난 모든 일은 언젠가는 다시 지나갑니다.

이와 같은 생각이 불안하다고 여기십니까? 그것은 어쩌면

- 당신이 나이가 들었고, 당신의 60세 피부는 20세 때처럼 더 이상 그렇게 탄력 있게 보이지 않는다는 것을,
- 모든 매혹적인 것은 황홀감의 모든 순간과 마찬가지로 일시적이라는 것을,
- 언젠가 다시 새로운 자동차와 새로운 컴퓨터가 필요하고, 내일 또다시 신선한 빵을 준비해야만 하는 것을,
- 따듯하고 아름다운 여름이 지나 눅눅하고 선선한 가을이 온다는 것을 의미하기 때문입니다.

슬픔니까? 대부분의 사람들은 그럴 겁니다. 덧없음은 슬픈 것이 아니라, 시간의 흐름으로 인해 한 번만 존재하는 것에 대한 우리 자신의 저항입니다. 우리의 슬픔과 고통의 이유는 한 가지입니다. 그것은 우리가 지나간 것에 마음을 너무 많이 걸쳐 놓고 있기 때문입니다. 마치 비눗방울을 단단히 고정시키려고 하는 것처럼 말입니다.

우리는 태어나서 잠시 동안 살고 그리고 언젠가 죽습니다. 모든 것은 지나갑니다. 때때로 이런 인식은 마음을 아주 편안하게 할 수 있습니다. 즉 예를 들어 위장병, 매우 신경 쓰이는 콘퍼런스, 재정적인 압박, 치통, 사랑의 번민 혹은 이별의 슬픔도 지나간다는 것을 의미합니다.

덧없음에 대한 인식은 평온함과 마음의 평정심을 발전시키기 위해 가장 먼저 필요한 것입니다. 위기 또한 지나간다는 것을 인식하는 한, 오랫동안 걱정과 절망에 반응할 필요가 없습니다. 한번 깊이 심호흡을 하고, 어떤 것들인지 그냥 그 대상을 바라보십시오.

"그래, 그런 일이 있었지. 그리고 그렇게 지나갔지."

인생의 강물에 대항해서 헤엄칠 어떤 이유도 없습니다. 단지 상황이 불편하거나 참담하기 때문에 검은 늑대에게 먹이를 줄 아무런 이유도 없습니다. 상황은 왔다 갔다 합니다. 좋기도 하고 나쁘기도 합니다. 그리고 또한 괴롭기도 합니다. 이것들 역시 오랫동안 머무르지 않고 왔다가 잠시 머무르고, 당신이 놓아주면 결국 다시 지나갑니다.

불길한 소나기 먹구름이 지나가는 것처럼 항상 일어나는 것이고 그것들도 지나갑니다. 당신은 구름이 아니라 하늘이어야 합니다.

두 친구
(독일)

낙천주의자와 염세주의자 두 친구가 숲을 산책했다. 햇살이 비치고 새들은 지저귀고 너무 덥지도 춥지도 않았다.

"아", 염세주의자가 말했다. "만약 고속도로 차소리가 들리지 않는다면, 여기 정말 좋을 텐데."

낙천주의자는 귀 기울여 들었다.

"그래, 정말 저기 고속도로 쪽에서 소리가 들리네. 하지만 숲에서 나는 소리와 구별할 수 있어. 들리니, 지빠귀가 얼마나 예쁘게 지저귀는지?"

"응, 저쪽 편에서 휘파람 소리가 조금 나네. 봐봐, 저기 물가에 비닐봉지가 있어. 끔찍하군, 사람들이 너무 몰지각해."

낙천주의자는 물가로 갔고 비닐봉지를 집어서 쓰레기통에 버렸다.

"물이 약간 따뜻해! 신발을 벗어야겠어!" 그는 신을 벗고 물속으로 들어갔다.

"너무 좋다! 너도 들어와 봐!"

염세주의자는 거절했다. "나중에 양말이 젖어서. 무좀 걸려."

낙천주의자가 웃었다.

"이리 와, 발바닥으로 조약돌을 느끼니까 정말 좋다."

염세주의자는 불만스러워하며 신발과 양말을 벗고 조심스럽게 물에 들어갔다.

"미끄러워. 물이 너무 차네. 게다가 바닥이 미끌미끌해, 아니 나는 이런 거 별로인데…"

잠시 후 두 친구는 계속 걸어갔다. 염세주의자는 자신의 축축한 양말과 질퍽질퍽한 길에 대해 불평했다. 그리고 시원한 맥주를 살 수 있는 가게가 없을 거고, 있더라도 어쩌면 냉장고가 망가졌을 수도 있을 테고, 그래도 맥주가 없는 것보다는 낫지만 미지근할 것이라고 말했다. 그런데 정말로 가게는 없었다.

얼마 후 낙천적인 친구가 맥줏집까지 단지 100미터 정도 남아 있다는 표지판을 발견했다. 그곳에서 그들은 맥주를 마셨다. 맥주는 아주 시원했다. 하지만 염세주의자가 좋아하는 종류가 아니었다.

그러고 나서 그들은 집으로 돌아왔다.

"오늘 어땠어요?" 낙천주의자의 아내가 물었다.

"안 좋았어. 내 친구와 함께 강가를 걸었는데 그 친구는 계속 투덜거리기만 했어. 나는 완전히 지쳤어!"

"오늘 어땠어요?" 염세주의자의 아내가 물었다.

"환상적이었어. 내 친구와 함께 강가를 걸었고, 내가 문제점을 지적할 때마다 그 친구는 내가 얼마나 많이 아름다운 것들을 놓치고 지나가는지 알려줬어. 게다가 우리는 물에 발도 잠깐 담갔고 맛 좋은 맥주도 마셨어. 나는 힘이 남아돌았어!"

당신은 무엇을 기다립니까?

　행복과 불행, 만족과 불만족이 관점의 문제라는 것을 우리는 이미 알고 있습니다. 외부의 상황은 가끔 크게 변할 수 있습니다. 비가 오면 우산을 펼칠 수 있습니다. 커피가 너무 쓰면 설탕을 넣을 수 있습니다. 그러나 아프거나 혹은 친한 사람이 마음의 상처를 주면 어떻게 하겠습니까? 외부적인 것을 변화시키기가 녹록지 않으면 내면을 더 많이 변화시켜야만 합니다. 의식적으로 스스로의 관점에 대해 책임을 져야 합니다. 그것은 도덕적인 의무나 쓸데없는 소리가 아니라, 그냥 당신이 할 수 있는 최선이기 때문입니다.

　만족하기 위해서는 단 한 번의 순간으로도 충분합니다. 불만족과 실망이 다가오는 것을 차단할 수 있는 기회는 항상 있습니다. 당신은 오랫동안 어두움 속에서 보낼 수 있지만, 어느 날 갑자기 두꺼운 벨벳 커튼을 열어젖히고 방으로 햇빛이 들어오게 하면 어두움은 눈 깜짝할 사이에 사라집니다. 이야기 속의 염세주의자처럼 하루 종일 투덜거릴 수 있습니다. 그리고 밤에 낮이 정말 아름다웠다는 것을 떠올립니다. 그리고 평온할 수 있습니다.

　지난여름 나는 2주 동안 남프랑스에서 휴가를 보냈습니다. 그곳은 매우 더웠고, 숙소는 삼류 급이어서 등허리가 아팠습니다. 내가 생각했던 휴양지와 분위기가 완전히 달랐습니다. 그럼에도 마지막 날 나는 오후에 따뜻한 모래사장에 앉아, 처음으로 그 휴양지에서 하늘빛의 바다에 하얀 파도가 어울리는 이곳이 얼마나 환상적으로 아름다운지 깨달았습니다. 그래서 그 순간 마침내 평안할 수 있었고, 프랑스에서의 시간이 결국은 좋은 기억으로 남게 되었기 때문에 감사할 수 있었습니다.

수많은 저항과 긴장의 연속이었던 삶을 산 후, 만일의 경우에는 죽음의 침상 위에서야 자신에 대해 생각할 수 있고 행복과 깊은 평화를 경험할 수 있습니다. 당신은 자신의 관점을 언제든지 바꿀 수 있습니다. 게다가 만약 12시가 되기 전이라면.

다른 한편으로는: 정말 그렇게 할까요? 시계가 재깍재깍 소리를 내고, 미래는 불확실하고 하얀 늑대는 배가 고픕니다. 그런데 아직 무엇을 기다리고 있습니까?

사람들은 그것을 그렇게 봅니다

어떻게 우리의 시각을 바꿀 수 있을까요? 사물을 새롭고 유용한 방법으로 보는 것을 어떻게 배울 수 있을까요? 때때로 그것은 저절로 보이기도 합니다. 우리는 나이가 들고 성숙해지면서 모든 것이 변화하는 새로운 경험을 하기 때문입니다. 하지만 우리는 의도적으로 생각의 변화를 작동시킬 수 있습니다.

신경언어학 프로그래밍에는 '다시 틀짓기'라고 하는 방법이 있습니다. 이것은 어떤 일을 평소와는 다른 방법으로 의도적으로 해석해 보면서 새로운 시각을 받아들이는 겁니다. 반 정도 비어 있다거나 또는 반 정도 차 있다고 볼 수 있는 유리컵 얘기는 이미 잘 알려져 있습니다. "삶이 건네준 레몬으로 당신이 레모네이드를 만들 수 있다"라는 것도 이미 알려져 있습니다. 이렇듯 당신은 간단히 자신의 시각만 바꾸면 됩니다.

어떤 일을 새로운 방법으로 보는 것을 배우려고 한다면, 복잡한 상황에 숨겨져 있는 장점이 무엇인지 스스로에게 물어봐야 합니다. 만약 생각처럼 일이 그렇게 진행되지 않는다면, 그럼 어떤 발전의 기회가 있을까요?

모든 경우에는 항상 기회가 있습니다. 시각을 넓힐 때는 길들여진 사고의 습관을 깨십시오. 그러면 더 자유롭고 더 편안하게 될 것입니다.

어떤 상황에 부정적으로 반응할 때마다 그리고 마음속에서 "제기랄", "이럴 리가 없어", "하필이면 지금", "하필이면 내게"와 같은 말을 할 때마다 항상 시각을 변화시키려는 시도를 하십시오.

예를 들어 "제기랄, 가까운 데 또 주차 공간이 없네"를 "어쨌든 나는 너무 오래 앉아 있었고, 지금 조금이라도 걸을 수 있는 게 더 나아. 움직이는 건 어쨌든 몸에 좋으니까"로 바꿀 수 있습니다. 불이 나간 정전은 촛불이 켜진 낭만적인 저녁이 될 수 있고, 불쾌한 소나기는 카페에 앉아 케이크 한 조각을 먹을 멋진 기회가 될 수 있습니다.

위급한 경우 자신에게 물어보세요

- 예상했던 파국은 정확히 어떻게 되고 있는가? 무엇이 나를 당황하게 하는가?
- 어떻게 신 레몬이 상큼한 레모네이드가 될 수 있는가? 그것을 다르게 볼 수도 있는가?
- 이 순간에 오래된 습관을 깨도 긴장감 없이 웃고 있을 가능한 방법이 있는가?

이 방법은 많은 사람들이 자포자기하는 상황에서도 결정적인 변화를 가져다줄 수 있습니다. 만약 회사에서 해고되면, 아마 맨 먼저 원래 무엇을 하고 싶어 했는지 그리고 진정한 목표는 어디에 있는지에 대해 생각할 수 있을 겁니다. 만약 아프게 되면, 고통이 자신이 하는 일을 그만두게 하거나 혹은 더 많은 휴식을 갖고 자신을 더 생각할 시간을 주는 거라고 생각할 수 있습니다. 이별의 경우에는 어쩌면 모든 슬픔의 저편에서 감사함을 느끼고, 자신을 떠난 사람에게 경의를 표하는 좋은 퀄리티를 가지게 될 수 있습니다.

승려와 소녀
(인도)

신앙이 깊은 두 승려가 부다의 가르침을 깨닫기 위해 기원정사로 순례했다. 둘은 아직 젊었고 그들의 서약은 경건했다. 특히 침묵, 동정 그리고 순결의 계율을 아주 진지하게 받아들였다. 아침 해가 뜨자마자 그들은 성스러운 시를 독경하고 이어서 깊은 참선으로 많은 시간을 보냈다. 해가 중천에 이를 때까지 그들은 침묵했다. 그리고 순례 도중에 여인을 만날 때마다 급히 시선을 아래로 내렸다.

어느 날 아침, 승려들은 의식을 마친 후 커다란 강의 여울에 도착했다. 강은 홍수가 났으나 남자들이 강을 건너는 데는 무리가 없어 보였다. 강물은 가슴 정도까지 올라왔지만 아주 거세게 흐르지 않아서 물살을 헤쳐 나갈 수 있을 것 같았다. 두 승려는 순례하는 동안에 이미 훨씬 더 힘든 위험들을 극복했었다.

그들이 강에 근접했을 때, 아름다운 어린 소녀를 목격했다. 승려들은 유혹적인 모습으로부터 벗어나기 위해 시선을 아래로 내렸다. 그런데 그 소녀가 그들에게 다가와 법복을 잡아당기면서 눈물을 흘리며 말했다.

"형제님들, 저를 좀 도와주세요! 제 부모님은 돌아가셨고 유일한 친척이 강 건너편에 살고 있어요. 스님들께서 제가 강을 건널 수 있도록 도와주실 수 있나요?"

두 승려는 서로를 바라보았다. 그들은 아직 묵언수행 중이었기 때문에 아무 말도 하지 않았다. 그리고 말없이 계속해서 강으로 갔다. 소녀는 뒤를 따라오면서 도와달라고 간청했다. 이제 그들은 강물에 몇 걸음 들어가 있었다. 그때 두 승려는 다시 한 번 서로를 쳐다보았다. 한 승려가 단호하게 머리를 가로저었으며, 다른 승려는 미소를 지운 후 잠깐 눈을 감았다. 그러고 나서 소녀에게 몸을 돌려 그녀를 자신의 어깨 위에 올려 태웠다.

그들은 별 탈 없이 강 건너편에 도달했다. 소녀를 날랐던 승려는 그녀를 내려놓고 즉시 몸을 돌렸다. 정오까지는 아직 두 시간이 남아 있었기 때문에 소녀의 감사 인사에도 신앙심 깊은 승려들은 묵언수행을 계속했다.

마침내 태양이 최고점에 도달했을 때 묵언수행이 끝났다. 한 승려가 다른 승려에게 말했다.

"들어봐요, 형제님. 내가 이해가 가지 않는 것을. 스님은 어떤 여자도 손 대지 않는다는 계율을 어긴 것을 어떻게 하시렵니까? 아마 스님은 동정의 계율을 어겼기 때문에 소환될 겁니다. 소녀는 우리의 도움 없이도 강을 건널 수 있었을 거예요."

그때 다른 승려가 웃으면서 말했다.

"그만하세요, 형제님! 나는 소녀를 단지 잠깐 강을 건너게 도와줬고 강가에 내려놓았습니다. 그렇지만 스님은 여전히 그 소녀에 대해 말하고 있습니다!"

마음의 지혜 믿기

인생은 게임이라고 합니다. 그러면 이 게임의 규칙은 어디에 있을까요? 아주 간단합니다. 인생의 가장 중요한 원칙은 전혀 원칙이 없다는 것입니다! 우리는 좋던 나쁘던 원칙을 스스로 세워야 합니다. 그런데 원칙에 대해 깊이 생각하지 않고 원칙을 세웁니다. 사람들은 다양한 가치를 가지고 있습니다. 이런 가치 위에서 자신의 원칙을 세웁니다. 내 원칙이 당신의 원칙과 달라도 상관없습니다. 그래야 세상이 화려하고 자극적이기 때문입니다.

내 친구는 지휘자입니다. 그는 우리가 일반적으로 '철의 원칙'이라고 말하는 철두철미한 계획하에 생활합니다. 그는 매일 아침 6시 30분에 일어나 차가운 물로 샤워를 하고 술을 전혀 마시지 않고 전형적인 워커홀릭이고 밀을 먹지 않습니다. 글루텐이 잘 받지 않는 사람은 곡식의 접착 물질이 소화 장애를 일으키기 때문에 빵도, 파스타도, 피자도 먹을 수 없습니다. 최근 나는 그에게 아직도 글루텐 장애로 고통받고 있는지를 물었습니다. 그는 눈을 크게 뜨고 나를 보면서 자신은 이제 밀에 대한 거부 반응이 없기 때문에 피자를 먹어야 할지 말아야 할지 도대체 모르겠다고 말했습니다. 어쩌면 그는 밀의 위험에 대해 경고하는 책을 읽었을 것입니다. 그리고 자신의 식이 요법을 바꾸기로 결정했을 것입니다.

아, 네, 그 책들... 그가 인생에서 즐거움을 가질지 나는 잘 모르겠습니다.

원래 확고한 게임의 규칙은 전혀 나쁜 것이 아닙니다. 예를 들어 죽이지 마라, 도둑질하지 마라, 상해하지 마라 등과 같은 윤리적인 규칙들은 인류를 위한 축복입니다. 누구나 그것을 지킨다면 세상은 더 좋아질 것이며, 우리 모두는 더 안전하고 행복하게 느낄 수 있을 겁니다.

그러나 다른 측면에서 보면 규칙은 역시 족쇄가 될 수 있습니다. 어제 나는 한 서점에서 '올바른 영양섭취'란 주제의 수많은 신간들을 보고 놀랐습니다. 봄은 성큼 다가왔고, 봄과 함께 한 무더기의 다이어트 책들이 나왔습니다. 작가에 따라 다양합니다. 「오직 탄수화물 없이」, 「중요한 건, 채식」, 「육류를 많이 먹는 석기시대 영양법이 최고」, 「설탕이 가장 안 좋다」, 「저탄소여야만 한다」, 「저지방이 더 좋다」, 「곡식이 좋다」, 「곡식이 안 좋다」, 「생식이 좋다」, 「생식이 안 좋다」 등등.

자신의 원칙들은 행동의 자유를 강하게 제약할 수 있습니다. 원칙들은 생각과 의견들 위에서 세워집니다. 물론 우리는 자신의 의견이 단지 생각의 구조물일 뿐이라는 것을 잘 알고 있습니다. 그리고 그런 의견들의 많은 부분이 의심쩍은 원천으로부터 나오게 됩니다. 책과 잡지들이 도대체 얼마나 믿을만할까요? 소위 전문가라는 사람들은 어떻습니까? 여전히 그들은 계속해서 서로 상반되는 말을 합니다. 아시다시피 종교 지도자들 역시 하나가 되지 않습니다. 자기 자신의 경험이 중요하다 해도 성급하게 규칙을 세우지 말아야 합니다. 오늘 좋고 옳은 것이 내일이면 아주 헛튼소리가 될 수 있기 때문입니다.

예를 들어 불교의 승려들은 매우 명확한 원칙들을 가지고 있습니다. 소승불교의 전통에는 남자들이 여자들을 만져서는 안 된다는 규칙이 있습니다. 이야기에서처럼 만약 어린 소녀가 울면서 급하게 도움을 청한다면 어떻게 하겠습니까?

결국 자신의 원칙에 스스로 책임져야 하므로, 누구나 그 순간에 현명한 예외 상황을 들어 책임을 집니다. 여기서 부다 이야기가 하나 생각납니다.

순례 도중에 부다는 한 가난한 농부 가족이 사는 오두막에서 하룻밤을 묵게 되었습니다. 신앙심 깊은 농부 가족은 자신들이 가지고 있는 모든 것을 성스러운 부다와 나누기로 결심했습니다. 그리고 부다에게 경의를 표하기 위해 그들이 가진 유일한 돼지 한 마리를 잡았습니다. 그러면 이제 부다가 살생하지 말라는 규칙을 꾸짖고, 돼지고기 요리를 거절했을지 맞춰볼까요? 당연히 아닙니다. 농부 가족 방문 후 부다는 한 승려로부터 그 일에 대해 곧바로 거론되었습니다. 부다는 "만약 내가 큰 희생을 하고 만들어진 음식을 물리쳤다면, 가난한 농부는 깊은 상처를 입었을 것이다"라고 말했습니다.

원칙은 좋습니다. 그것은 삶에 형식을 만들어 줍니다. 그러나 원칙이 '무쇠같이 견고하고' 그리고 족쇄가 되는 곳에서 원칙은 당신을 곧이곧대로 입력된 프로그램에 따라 움직이는 로봇으로 만들어 버릴 수 있습니다.

당신이 항상 "나는 해야만 한다", "나는 해서는 안 된다" 또는 "나는 결코 안 할 것이다"라고 말할 때 스스로에게 물어봐야 합니다. 누가 그것을 말하고 있을까? 그것이 정말 맞을까? 원칙을 깨트리는 것이 이 상황에선 더 현명하지 않을까?

혹시 지금 예외로 하는 것이 더 유익할 것 같은 어떤 상황이 떠오릅니까?

여기 마지막으로 항상 모든 것들에 적용할 수 있는 한 개의 원칙이 있습니다. 그것은 바로 '마음의 지혜를 따르라!'라는 것입니다. 만약 머리가 "너는 해야만 한다"라고 말하면, 그러면 마음에게 물어보십시오. 그것이 정말로 맞는지 안 맞는지를.

어려운 문제
(루마니아)

깊은 산속에 지혜로운 마법사가 살았다. 사람들은 그가 모든 문제에 대해 해답을 준다고 말했다. 마법사는 자신이 답변할 수 없는 문제를 내는 사람에게 소원을 들어준다고도 말했다. 그래서 사람들의 소원은 넘쳐났고 욕망은 그칠 줄 몰랐다. 하지만 산으로 가는 길은 매우 험난했다. 그리고 마법사가 정말 소원을 들어줄지 아무도 몰랐다.

호기심이 많고 발칙한 두 하인이 있었다. 그들 역시 원하는 소원이 이뤄지기를 바랐다. 숲으로 가는 길에 그들은 마법사가 대답할 수 없는 문제가 뭐가 있는지 곰곰이 생각했다.

"나는 그에게 내 베개 아래 무엇이 숨겨져 있는지 물을 거야."

"그것이 뭔데?"

"우리 주인한테서 훔친 금화 한 냥. 나를 배반하지 않겠지, 그렇지?"

다른 하인이 웃었다. "걱정 마, 나는 동전 두 개를 훔쳤어. 하지만 한 개는 은화야."

"너는 뭘 질문할 거야?"

다른 하인은 골똘히 생각했다. 그는 다른 하인 보다 약간 더 약았다.

마침내 그가 뭔가 생각해내고는 나무 위로 올라가 둥지에서 새 새끼를 잡아왔다.

"그걸로 뭘 하려는 건데?" 다른 하인이 물었다.

"등 뒤에 있는 내 손에 무엇이 있는지를 마법사에게 물어볼 거야. 교활하고 나이 든 마법사여서 아마 그것이 새라는 것을 알아맞힐 거야. 그러면 나는 또 물어볼 거야. 예, 그러면 살아 있는 새입니까? 아니면 죽은 새입니까? 만약 새가 죽었다고 말하면, 나는 그에게 살아있는 새를 보여 줄 거야. 그런데 살아 있는 새라고 하면, 나는 새를 손으로 눌러 죽여서 마법사가 틀린 대답을 했다고 하고 소원을 들어줘야 한다고 말할 거야."

그들이 오두막에 도착했을 때, 마법사는 이미 거기에 서 있었다. 마치 그가 두 하인을 기다리고 있었다는 듯이. 그제야 두 젊은 하인들은 약간 걱정이 됐다. 그러나 돌아가기에는 너무 늦었다.

"위대한 마법사님", 한 하인이 말했다. "제가 베개 밑에 무엇을 숨겨 놨습니까?"

마법사는 머리를 끄덕였고 이맛살을 찌푸렸다.

"어리석은 질문입니다. 당신은 어쭙잖은 시간 도둑이고 금 도둑입니다. 썩 물러가시오!"

그 하인은 귀신에 쫓기듯이 산 아래로 도망쳐버렸다.

그러나 그의 동료는 승리를 기약했다.

"위대한 마법사님, 등 뒤 제 손에 있는 것이 무엇입니까?"

마법사의 눈에서 번개가 뿜어져 나오는 것 같았다.

"새 한 마리."

"예, 그러면 그 새는 살아있습니까? 아니면 죽었습니까?"

"새의 생사는 당신 손에 달려 있습니다."

하인은 잠시 생각했다. 그리고 나서 어린 새를 둥지에 갖다 났다.

관여하지 않기

　산속에 있는 마법사와 반대로 우리는 다른 사람의 모든 소원을 결코 들어줄 수 없습니다. 그러나 우리는 소원을 이루는데 유용한 한두 개의 대상을 가지고 있습니다. 하나는 아마 돈입니다. 그리고 다른 하나는 시간입니다. 소원을 갖는 것, 그것 자체는 문제가 되지 않습니다. 나는 이야기 속의 두 하인이 많은 금이 들어있는 보따리를 원했다는 것을 잘 이해할 수 있었습니다. 누가 금 보따리를 원하지 않겠습니까? 그러나 만약 다른 사람이 부당하게 사용한다면, 약간 극적으로 표현해서 만약 그들이 우리를 속이고 배신하려고 한다면, 그러면 모든 것은 추악해집니다.

　비록 당신이 그 사이에 검은 늑대를 이미 잘 다루고 있고, 욕심, 화 혹은 불신이 더 이상 당신에게 중요한 문제가 아니어도, 유감스럽게도 여전히 다른 사람의 검은 늑대와 맞붙어 싸워야만 합니다. 어느 길모퉁이에서 도둑과 사기꾼을 만날 수 있습니다. 최근 세계 상황을 보면 인류의 대부분이 이기적인 관심으로 흐르고 있다는 것에 의심의 여지가 없습니다. 애석하게도 몇몇은 새 새끼한테 한 것처럼 수단과 방법을 가리지 않고 있습니다.

　산속의 지혜로운 마법사는 그래서 현명합니다. 그는 새 새끼를 가지고 있던 하인의 계략에도 평정심을 잃지 않았기 때문입니다. 마법사가 그 술수를 완전히 꿰뚫어 보고 있었을지라도 말입니다. 그는 고대 중국에서 '무위'라고 불렀던 '무관여'의 철학을 보여 주었습니다. 생각을 가지고 있지만 논증하려고 하지 않고, 하인에게 아무것도 충고하지 않고,

더 나아가 "즉시 새를 풀어줘라!"라고 소리치며 반격도 하지 않았습니다. 그 대신에 마법사는 "누구나 스스로 결정을 내려야만 한다"라는 것을 알고 있었기 때문에 하인들이 스스로 도망가도록 만든 겁니다.

무위, 아무것도 안 하는 철학은 수동적으로 아무것도 안 하는 것이 아니라, 반대로 많은 주의와 통찰을 요구하는 것입니다. 모든 것이 우리의 손안에 있지는 않습니다. 정확히 말하면 손안에 딱 들어가는 것은 매우 적습니다. 다른 사람이 어리석은 혹은 현명한 결정을 하든지 안 하든지, 유감스럽게도 당신은 영향을 끼쳐서는 안됩니다. 단지 한 가지는 할 수 있습니다. 다른 사람은 또는 당신을 이용하려는 사람조차도 스스로 지혜의 원천으로 가는 통로를 가지고 있다고 확신하는 겁니다. "새를 죽이든지 아니면 살리든지, 검은 늑대 아니면 하얀 늑대에게 먹이를 주든지 안 주든지, 그것은 오직 당신 손에 달려 있습니다"라는 것을 당신이 다른 사람에게 명백하게 하면 할수록, 그는 그 길을 좀 더 빠르고 쉽게 발견할 것입니다.

잉어 연못

(중국)

유 씨는 연못가에 앉아 있었고, 연못에서는 잉어들이 우아하게 헤엄치고 있었다. 그는 잉어들을 자랑스러워했고, 그럴만했다. 잉어들은 중국에서 가장 아름다워서 멀리서도 사람들이 화려한 잉어를 보러 왔다. 유 씨는 가끔 자신의 잉어를 팔았는데 가격이 매우 비싸서 돈을 많이 벌 수 있었다.

그는 특히 황금색이 빛나고 몸통에 비취색으로 중국을 그려 놓은 듯한 황금 비취 잉어를 가장 자랑스러워했다. 그 잉어가 모든 잉어들 중에서 황제라고 생각했다.

중국 황제가 유 씨의 잉어에 대해 들었을 때, 그 역시 잉어를 좋아했기 때문에 마음속으로 약간 질투가 났다. 그래서 유 씨에게 가서 그의 가장 아름다운 잉어를 사 오기로 결심했다.

유 씨는 황제의 방문을 통보받았을 때 얼굴이 창백해졌다. 그런 영예를 결코 생각해본 적도 없었거니와 황제 앞에서 품위 없는 태도를 보일까 두려웠기 때문이었다. 황제는 유 씨가 여전히 바닥에 엎드려 있자 그를 일으켜 세우고는 잉어에 대한 애호가 대 애호가로서 말했다.

유 씨는 황제의 신뢰로 인해 매우 우쭐함을 느꼈다. 그래서 그는 욕심을 버리고 황제에게 가장 아름다운 잉어, 모든 잉어 중에 황제인 황금 비취 잉어를 선물하기로 결심했다. 그러나 황제가 선택한 것은 무엇이었을까?

"오, 황제 폐하, 저의 모든 잉어들 중에서 가장 아름다운 것을 선택하십시오. 충성을 다해 폐하께 그것을 기꺼이 선물로 바치겠습니다!"

황제는 선물로 준다는 말에 매우 기뻐했다. 그러지 않고 사게 된다면 한 궤짝의 금을 줬어야 했을 것이다. 잉어의 아름다움은 첫눈에 다 보이지 않기 때문에 황제는 연못가에 서서 잉어들을 자세히 관찰했다. 그러나 유 씨는 황제의 머뭇거림을 이해하지 못하고 말했다.

"보십시오, 여기에 모든 것들 중에서 가장 아름다운 잉어가 있습니다!"

황제는 연못가에서 찾으면서 보았다. 그러고 나서 그는 질문하듯 유 씨를 쳐다봤다. 유 씨는 자신이 가장 좋아하는 잉어를 다시 가리켰다.

"여기요, 황금 비취 잉어. 오직 이것만이 황제 폐하께 어울립니다."

황제는 이맛살을 찌푸리고는 웃으며 유 씨의 어깨를 두드렸다.

"농담을 잘하는구나, 나의 신하여! 저 살찐 잉어, 화려하게 빛나나 몸통에 녹색의 얼룩이 있는... 지금 그것을 나에게 선물하려고 하느냐? 그리고는 아름다운 잉어 전부를 네가 가지려고 하느냐?"

"아닙니다." 유 씨는 말을 더듬으며 말했다. "저기 몸통에 비취 자국, 그것은 우리나라의 모습이지 않습니까?"

황제는 고개를 갸우뚱하며 그 잉어를 관찰했다.

"그러면 저기 뒤쪽에 꼬리지느러미가 아름다운 잉어를 보거라! 저것이 좋아 보인다. 나는 저것으로 하겠다. 고맙다."

유 씨는 '황제는 어째서 황금 비취 잉어의 특별함을 못 알아볼까?'라고 골똘히 생각하며 뒤로 물러섰다.

다음 날, 돈 많은 상인이 그를 방문했다. 그 역시 유 씨의 잉어 중에 한 마리를 반드시 사기를 원했다. 그는 황제처럼 선물로 얻지는 못하지만, 금으로 꽉 찬 궤짝으로 잉어 한 마리를 고를 수 있었다.

물론 유 씨는 상인에게 자신이 가장 좋아하는 잉어를 가리켜 주지 않았다. 그런데 상인은 그 잉어를 즉각 알아차렸다.

"오, 유일한 잉어구나!" 상인이 외쳤다. "저것의 몸통에 있는 초록색은 마치 우리나라의 지도와 같구나."

"비취..." 유 씨의 얼굴이 창백해졌다. 이제 그는 가장 좋아하는 잉어를 못 가지게 될 것이다.

그러나 그 걱정은 곧 쓸데없는 것이 되었다. 상인이 더 앞으로 걸어갔기 때문이었다.

"그러나 저것은 너무 현란하고 몸통에 얼룩이... 그런데 저기 있는 잉어를 봐봐. 저것은 눈이 정말로 녹색이군! 나는 저걸 원하네!"

유 씨는 황제와 상인이 황금 비취 잉어의 특별함을 알아채지 못하는 것을 도저히 이해할 수 없었다. 결국 그는 자신의 평가능력을 의심했다. 그래서 이웃의 거지에게 어떤 잉어를 고를지 묻고, 그가 선택한 것을 선물하기로 했다. 만약 거지가 유 씨가 가장 좋아하는 잉어를 고른다면, 유 씨는 다시 자신의 판단을 신뢰할 수 있기 때문이었다.

이웃의 거지는 연못으로 불려와 선택하게 되었다. 거지는 망설임 없이 외쳤다.

"저 몸통에 비취 자국으로 우리나라의 모습이 그려진 황금색 빛이 나는 잉어를 가지겠소!"

유 씨는 웃어야 할지 울어야 할지 몰랐다. 그러나 그는 정직한 사람이었기에 거지에게 자신의 황금 비취 잉어를 주었다. 그리고 그에게 왜 그것을 선택했는지 물었다.

"그건", 거지가 말했다. "그것은 쉬웠습니다. 고귀한 유 씨, 당신의 잉어들은 모두 매우 훌륭합니다. 각각 아주 특별한 것들입니다. 이것은 꼬리지느러미가 특히 길고 지느러미를 독특하게 흔듭니다. 저것은 꼬리 끝에 황금색 점이 있었습니다. 또 황금색 눈이 있는 잉어도 봤습니다. 그 잉어는 영원한 삶을 나타내는 붉은 황금색을 띠고 있습니다. 당신의 잉어들은 매우 훌륭하고 천하일품입니다."

"그런데 당신은 왜 황금 비취 잉어를 선택했소?"

"그건, 그것 역시 천하일품입니다. 그 황금빛과 훌륭한 비취 모양!"

"그렇지? 그것은 모든 잉어들 중에서 가장 천하일품이네."

"가장 천하일품이라고요?" 거지가 웃었다.

"무슨 말씀이세요? 그 잉어가 가장 뚱뚱하고 제가 이틀 동안 아무것도 먹지 못했기 때문에 저는 그 잉어를 선택한 겁니다!"

우리는 많은 것을 이해할 수 없다

우리는 많은 것을 이해할 수 없다.
단지 계속 살아라, 괜찮아진다.
괴테

몇 년 전에 워싱턴 포스트는 자신들이 의뢰했던 실험 결과를 보도했다. 실험의 목적은 일상생활에서 인간의 인지, 애호, 선호를 밝혀내는 것이었다.

추운 겨울 아침에 청바지를 입은 한 젊은 남자가 바이올린을 끄집어 냈다. 그리고 워싱턴 D.C.의 한 유명한 지하철역에서 바흐의 바이올린 곡을 연주하기 시작했다. 지하철역에는 출근 중인 약 2000명의 사람들이 지나다녔다.

연주가 시작되고 7분이 지난 뒤, 한 여성이 거리 연주자의 모자에 1달러를 던져 넣었다.

약 10분 후 한 남자가 연주를 듣기 위해 잠시 동안 서 있다가 시계를 보고는 가던 길을 바쁘게 걸어갔다.

15분 후에 3살짜리 아이가 바이올린 연주를 들으려 했으나 엄마에게 이끌려 가던 길을 계속 갔다. 마찬가지로 연주를 들으려고 몇몇 다른 아이들이 다가왔으나, 부모들에 의해 그냥 지나쳐갔다.

45분 후에 실험이 끝났다. 그 시간 동안 6명의 사람들이 주변에서 연주를 듣고 있었고, 대략 20명 정도가 그냥 지나가면서 몇 개의 동전을 모자에 던졌다. 거리 연주자의 총 수입은 약 30달러였다. 잠시 뒤에 젊은 남자는 바이올린을 챙겨서 사라져 버렸다.

아무도 몰랐다. 그 거리 연주자가 현재 가장 훌륭한 바이올리니스트 중의 하나인 조수아 벨이라는 것을. 그는 약 350만 달러의 가치가 있는 바이올린 연주를 했고, 오늘 연주한 바흐 소나타는 이전에 보스턴 공연에서 매진됐었다. 당시 입장권은 평균 100달러였다.

이 실험에서 계획한 질문과 사람들의 대답은 간단했다.
- 일상생활 속에서 아름다움을 알아봅니까? 아니요.
- 특별한 것을 알아봅니까? 아니요.
- 재능을 알아봅니까? 아니요.

이야기에서 유 씨는 자신이 선택한 잉어의 특별함을 황제, 상인 혹은 거지가 알아봤어야만 한다는 생각을 어떻게 했을까요?

"우리는 많은 것을 이해할 수 없다..." 어쩔 수 없습니다. 그냥 그대로 놔두세요. 당신이 아주 특별하다고 생각하는 것이 정말인지 아닌지를 누가 알겠습니까? 지나치게 자신의 능력, 외모 또는 재산을 뽐내는 것은 도움이 되지 않습니다. 만약 당신이 자칭 특별한 사람들에게 너무 관심을 기울인다면, 그것은 결국 자신을 옭아매는 집착의 한 형태일 뿐입니다. 그리고 한가지 덧붙인다면, 당신에게 특별하게 보이는 것이 다른 사람에게는 어쩌면 아주 지루하고 재미없는 것으로 보일 수도 있습니다. 그래서 특별한 것이기를 원하거나 특별하다고 인정받길 원하는 것은 일종의 시간 낭비입니다. 당신은 자신에게 명확히 해야만 합니다. 당신이 지구상에서 천하일품이기 때문에 당신보다 특별한 것은 어쨌든 없습니다!

약 1500년 전에 양무제는 선종의 시조인 달마 대사를 만났다. 양무제는 자신의 특별한 업적으로 그에게 깊은 감명을 주고자 했다.

황제가 말했다. "나는 수많은 사찰을 짓게 했다. 부다의 설교를 백 번씩 쓰도록 했고 승려들을 양성했다. 이것은 얼마나 큰 공덕이 되겠는가?"

달마 대사가 응답했다. "그 모든 것은 단지 가치 없는 공덕일 뿐입니다. 그것은 겉모습만 따르는 그림자와 같습니다. 그것은 전혀 본질적인 것이 아닙니다."

황제가 말했다. "그렇다면 도대체 어떤 것이 진정한 공덕인가?"

이에 달마 대사가 대답했다. "진실한 공덕은 순수한 깨달음이고 신비롭고 놀라운 것입니다. 본질은 비어 있고 고요합니다. 그것은 속세의 행함을 통해서 결코 이룰 수 없습니다."

황제가 재차 물었다. "당신 교리의 최고 이치는 무엇인가?"

달마 대사가 대답했다. "크게 비우는 것 이외에는 그 어떠한 것도 중요하지 않습니다."

숭배해야 할 성스러운 것이 없습니다. 분명히 밝혀낼 특별한 것도 없습니다. 자유로운 사람의 시각에서 보면, 모든 것은 성스럽고 특별하기 때문에 혹은 다르게 본다면 아무것도 없기 때문에 숭배해야 할 성스러운 것도, 강조할 특별한 것도 없습니다.

부자와 재단사
(프랑스)

어느 도시에 가난한 재단사가 살았다. 그는 항상 즐거웠고 행복했다. 아침에 일어나면 새들과 시합하듯 재미있게 휘파람을 불었고, 일할 때는 신나는 노래를 불렀다. 밤에는 아내와 아이를 위해 피들을 연주했다. 이웃들이 자주 방문했고 그들과 함께 음악을 연주했다. 재단사는 가난하지만 행복한 삶을 살았다.

그의 이웃에 부유한 상인이 살았다. 그는 항상 퉁명스럽고 불만이 많았다. 아침에는 재단사의 휘파람 소리가, 낮에는 노랫소리가, 밤에는 피들 연주와 이웃의 즐거운 소리가 그를 방해했다. 상인은 부유하지만 행복하지 않은 삶을 살았다.

상인은 재단사를 조용히 하게 할 방법을 이리저리 궁리했다. 재단사의 집을 사려고 했으나 그 집은 시장의 소유였고, 시장은 절대 팔지 않으려 했다. 결국 상인은 결단을 내렸다. 그는 재단사를 집으로 초대해 친절하게 맞이하고 그의 완벽한 새의 흉내와 노래, 피들 연주를 칭찬했다. 재단사는 자신의 즐거운 소리에 대해 상인이 욕하는 것을 가끔 들었기 때문에 매우 놀랐다. 그렇지만 칭찬은 그를 기쁘게 했다. 상인이 웃으면서 재단사가 몇 년 동안 벌 수 있는 것보다 더 많은 금화가 들어있는 주머니를 가져와서는 어리둥절한 재단사에게 주었다.

재단사는 금화 주머니를 외투 속에 숨긴 채 집으로 돌아왔다. 그리고 아내와 아이에게는 아무 말도 하지 않았다. 그는 금화 주머니를 작은방으로 몰래 가지고 가서 문을 잠그고 금화를 자세히 관찰했다. 빛나는 금화가 재단사의 눈과 심장을 멀게 했고, 애인의 따뜻한 몸을 바라보듯 차가운 금화를 바라봤다. 금화를 다시 주머니에 넣고 어디에 숨겨 놓을지를 곰곰이 생각했다. 결국 침대 밑에 숨겼다. 한밤중에 잠에서 깬 그는 도둑이 금화를 쉽게 훔쳐 갈 거라는 생각이 들었다. 숨긴 곳이 너무 불안했다. 그래서 금화를 베개 안에 넣어서 꿰맸다. 그 장소 역시 안전하지 않았고 새로운 곳을 물색했다. 그는 도둑들이 재물을 가져가는 악몽에 잠을 설쳤기 때문에 아침에 휘파람을 불지 않았다.

금화 생각에 그는 낮 동안에도 노래를 부르지 않았다. 게다가 이제 정말 부자가 됐기 때문에 일도 거의 안 했다. 그러나 그는 금화를 쓰지는 않고, 가지고만 있기를 원했다. 그래서 재단사 가족은 이전 보다 더 가난한 것처럼 보였다. 재단사는 밤에 더 이상 피들을 연주하지도 않았다. 이웃이 방문해서 금화를 발견하고는 훔쳐 갈 수 있을 거라는 생각에 이웃도 집에 부르지 않았다.

부자는 창문에 앉아 웃고 있었다. 그가 계획한 대로 됐다. 그리고 금화는 가짜였다. 그것은 황철로 된 동전이었다.

재단사의 마음은 금으로 현혹돼 있었지만, 착한 사람이었기 때문에 완전히 뒤덮여 있지는 않았다. 그래서 어느 날 그가 아내에게 사실을 말했다. 아내는 성실하게 일해서 금화를 번 것이 아니어서 행복을 가져다 주지 않을 것이라며 그를 어리석은 사람이라고 책망했다. 성실하게 금화를 벌었더라도 그것이 행복의 대가라면, 그것은 아무짝에도 필요 없을 것이라고 했다.

재단사는 금화를 바라봤다. 그리고는 그날 밤 부자에게 가서 문을 두

드렸다. "당신의 금화는 너무 부담스럽습니다. 다시 돌려주는 게 훨씬 낫겠어요."

재단사는 부자가 답변하기도 전에 금화 주머니를 주고 나왔다. 다음 날 아침, 사람들은 다시 재단사가 경쟁하듯 새들과 노래하는 것을 들었다. 그의 환희의 노래는 그날 경쟁에서 이겼다는 기쁨의 소리였다.

소유냐 존재냐

이미 2500년 전에 부다는 불행의 원인이 '집착'이라고 말했습니다. 우리는 자신의 기대에 매달리고 충동과 욕구에 묶여 있으며 자신을 다른 사람에게 혹은 자기에게 옭아맵니다. 우리가 어떤 것을 의심하고 집착하면 할수록, 그것을 내려놓기가 더 어려워집니다.

예로부터 금이나 돈은 매우 유혹적입니다. 더 많이 소유하면 할수록 - 잘못 퍼트려진 말을 빌리자면 - "더욱 가치가 있습니다." 물론 이것에 반대하는 책들로 도서관을 꽉 채울 수 있을 겁니다. 그리고 이런 책들의 대부분은 사색을 많이 한 매우 영리한 사람들이 썼습니다. 그러나 탐욕이 행복을 만들지 않는다는 것을 알기 위해 머리를 짜내서 생각하는 철학은 필요하지 않습니다. 수많은 통속 소설과 가슴 에이는 드라마는 돈이 아니라 사랑을 다루지 않습니까?

가장 중요한 문세는 도대체 누가 무엇을 소유하냐?입니다. 우리가 재산을 소유합니까? 아니면 재산이 우리를 소유합니까? 하지만 이것은 대답하기가 쉽지 않습니다. 당신이 백만장자라면 물론 내려놓고 긴장을 풀고 자유로워질 수 있습니다. 이론적으로야 어쨌든.

독일계 심리분석가이자 사회심리학자였던 에리히 프롬은 사회비판적인 책 「소유냐 존재냐」에서 우리 사회가 어떻게 소유에 영향을 받는지에 대해 썼습니다. 그는 개개인이 점점 더 자기 자신으로부터 낯설어지고 불만족해지고 불행하게 되는 소유 지향적 삶의 양식에 반대하여 존재 지향적 삶의 양식을 내놓았습니다: *소유가 행복을 결정하는 것이 아니라, 존재가 행복을 결정한다.* 재산이 인생을 행복으로 이끄는 것이 아니라, 경험이 인생을 행복으로 이끕니다.

내 친구 중 한 명은 수년 동안 스위스 제약회사에서 관리 책임자로 일했습니다. 그녀의 연봉은 매우 높았지만 행복해하지 않았습니다. 기업이 '최대 이익'을 위해 걸어가는 길을 그녀는 동행할 수 없었습니다. 결국 일을 그만두고 접골사 과정을 마친 뒤 작은 병원을 열었습니다. 그 후로 이전에는 겪어보지 못했던 만족감을 느끼게 되었습니다. 그리고 얼마 전부터 그녀는 미니멀리즘의 지지자가 됐습니다. 미니멀리스트는 자신에게 반드시 필요한 것 외에는 모든 것을 절제합니다. 그녀의 방은 마치 선을 수행하는 절처럼 보입니다. 가구들이 거의 없으며 바닥의 다다미 매트 위에서 자고, 모든 책들을 버리고 자동차도 팔았습니다. 이제 카 셰어링을 이용하기 때문에 차량 정기검사, 정비소, 주유소 그리고 주차장 찾기를 하지 않고 걱정거리가 없는 삶을 즐기고 있습니다. 그녀는 돈을 거의 쓰지 않기 때문에 일을 많이 할 필요가 없습니다. 일주일에 3일만 환자를 치료하고 자전거를 타거나 서점에서 책을 보거나 친구들을 만나면서 많은 시간을 보냅니다.

이쯤에서 하얀 늑대에 대해 말하자면, 당신이 은행 계좌를 가득 채우려는데 신경을 많이 쓰면 쓸수록, 하얀 늑대에게 먹이를 주는 것을 잊어버릴 가능성이 더 커집니다. 하지만 오해하지는 마십시오. 당신도 행복하기 위해서 자동차를 팔 필요는 없습니다. 자동차는 돈을 벌게 하는 좋은 물건입니다. 물론 정말로 하고자 하는 일로 돈을 벌 때만 해당합니다.

그리스의 철학자 데모크리토스는 "행복은 재산에도 금화에도 살지 않는다. 행복은 마음속에 산다"라고 말했습니다. 소유하는 것이 마음에 도움이 된다면, 돈이 재능을 펼치고 마음을 계속 성장시키게 한다면, 그렇다면 아주 좋습니다. 그렇지만 침대 아래에 있는 금이 부담이 된다면, 반대로 조심해야만 합니다. 우리가 돈에 속아서 믿는 '안전함'이라는 것은 어쨌든 없기 때문입니다. 돈은 가치가 없어지고 금리 역시 더 이상 예전의 금리가 아닙니다. 주가가 붕괴되고 모든 경제 시스템이 무너질 수 있습니다.

재산이 당신의 걱정과 불안의 원천이 된다면, 그러면 좋은 정보를 하나 주겠습니다. 도박으로 돈을 탕진하지 않고도 아주 빨리 돈에서 벗어날 수 있습니다! 세상에는 살기 위해 아주 적은 돈을 가지고 있는 사람들이 충분히 많고, 또 좋은 일을 하기 위해 급하게 돈이 필요한 재단과 구호단체도 많이 있습니다. 물론 돈으로 비물질적인 소원을 이룰 수 있습니다. 악기, 언어 그리고 지식을 배우며 최고의 선생님에게 돈을 쓰면 됩니다.

결투
(일본)

한 작은 마을에 검술의 고수가 살았다. 이제 그는 늙었지만 여전히 모든 도전자를 이길 수 있을 거라고 명성이 자자했다. 그의 명성은 흠잡을 데가 없었고 많은 제자들이 그에게 왔다.

어느 날 젊은 검투사가 마을에 왔다. 비록 아직 어리지만 강함은 황소를 능가하고 검술은 빈틈이 없다는 소문이 이미 돌았다. 그게 다가 아니었다. 그는 상대방의 아주 작은 약점을 모두 이용하고 무자비하다고 했다.

젊은 검투사는 어느 누구도 이길 수 없다는 검술 고수에 대해서 들었고, 자신이 그 고수를 이길 첫 번째 검투사가 될 거라고 확신했다. 그는 오만하게 고수의 제자들에게 다음날 결투를 신청하며, 그들이 짐을 싸서 새로운 스승을 찾아가는 게 좋을 것이라고 통보했다.

제자들은 걱정이 되어 사부에게 달려가 보고했다. 그들은 젊은 검투사의 평판에 대해 말하고 사부에게 이 위험에서 벗어날 것을 간청했다. 비록 검술에서 위대한 고수일지라도 그는 결국 늙었고 상대는 젊다고 말했다. 하지만 사부는 웃으면서 결투 신청을 받아들였다.

두 검투사가 마주 보고 서있을 때, 서로 인사도 하지 않은 채로 젊은 검투사는 늙은 고수를 모욕하고 욕하기 시작했다.

"그래, 네가 자칭 고수로구나! 가소롭다. 너는 한 번도 검을 제대로 쓸 수 없을 거다." 그는 고수 앞에 침을 뱉었다.

"멍청한 제자들의 돈을 빼앗기 위해 너는 사람들에게 너의 위대함에 대해 말하라고 돈을 준 게 분명하다. 초라한 늙은 염소인 너는 나와의 대결을 감히 생각도 못 하겠지…"

그리고 한참을 그렇게 계속했다. 늙은 고수는 그동안에 조용히 거기에 서 있었다.

마침내 젊은 검투사는 말을 중단하고 자신의 칼을 허리춤에 꽂고 인사를 한 후 거기를 떠났다.

제자들은 깜짝 놀랐지만 사부가 불손한 도전자를 조금도 꾸짖지 않은 것에 실망했다.

"왜 젊은 검투사가 포기했습니까? 어떻게 사부님은 욕설을 참을 수 있었습니까? 왜 사부님은 버릇없는 녀석에게 벌을 주지 않았습니까?"

늙은 사부는 조금 조용해질 때까지 기다렸다.

그러고 나서 말했다. "어떤 사람이 네게 책을 주려고 하지만 그것을 받지 않는다면 누가 그 책을 가져가야 하겠느냐?"

검은 늑대 재우기

때때로 검은 늑대는 우리 마음속에서 숙면합니다. 게다가 깊은 잠을 자면 잘수록 먹이를 더 적게 먹습니다. 검은 늑대를 조용히 있게 하는 것은 매우 간단합니다. 아주 평화롭고 평온한 마음의 상태는 세상에서 가장 자연스러운 것입니다. 그런데 만약 누군가 와서 마음속에 있는 그 검은 늑대를 깨운다면 고통스러워집니다.

나는 당신이 어떻게 지내는지 모릅니다. 하지만 여러 번 말했듯이, 내가 공격을 당하거나 누군가 나를 화나게 한다면 평정심을 유지하기가 어렵습니다. 모든 사람들이 서로 사이가 좋다면 얼마나 좋겠습니까? 그러나 파트너, 동료, 상사가 당신을 싫어하거나 당신의 일 혹은 생각이 자신들과 맞지 않는다는 것을 암시하면, 그러면 빠르게 지나가며 부딪치는 파도에 바위는 균열이 생깁니다.

만약 누군가 의도적으로 너무 귀찮게 하는데 스스로 평정심을 유지하는 것이 가능할까요? 적대감을 가진 상태에서 검은 늑대를 계속 잠재울 수 있을까요?

그것은 쉽지 않습니다. 외부로부터의 공격은 우리를 어려운 시험에 들게 합니다. 물론 어떤 상황에서든 침착함을 유지하는 사람들도 있습니다. 그들은 선천적으로 성격이 좋고 온화하고 항상 하얀 늑대에게 먹이를 주었기 때문입니다. 그렇다고 외부의 도발이 그런 사람들에게 전혀 피해를 줄 수 없다는 것은 아닙니다. 대체로 그들의 검은 늑대가 잠에서 완전히 깨어나기 위해선 아주 강력한 먹이가 필요하다는 것뿐입니다. 강한 먹이를 먹은 검은 늑대는 폭발력을 가집니다. 그들은 약하지 않습니다. 물론 원칙적으로 우리들 중에서 누구나 스스로 평정심을 유지하는 능력을 발전시킬 수 있습니다. 다른 사람들이 분통터지게 했더라도 말입니다. 하지만 그것은 연습 없이 이루어지지 않습니다. 연습만이 고수를 만듭니다. 검술의 고수뿐만 아니라, 흔들림 없는 마음의 고수 역시.

타인에 의해 마음의 상처를 입지 않을 명상이 있습니다. 하지만 하루아침에 난공불락의 평정심이 생기는 것이 아니기 때문에 기적을 기대해서는 안 됩니다. 규칙적으로, 가장 좋은 것은 날마다 마음의 안정을 찾기 위해서 몇 분을 할애하면 괄목할 만한 변화가 생깁니다. 아주 천천히 당신은 부딪쳐 부서지는 파도 속에서도, 파도가 강하게 바위를 때릴 때도 전혀 균열이 생기지 않는 바위가 될 겁니다.

사마타 명상

사마타 명상은 '고요 명상'으로도 불립니다. 사마타는 가능한 한 오래 조용히 머무르는 것을 의미합니다. 여기서는 시간이 지남에 따라 더욱 유쾌함과 내려놓음을 가져오는 집중과 침착함이 가장 중요합니다.

명상법 자체는 간단합니다. 똑바로 앉아서 숨 쉬는데 집중하십시오. 오직 숨의 흐름을 인식하는 데 정신 집중하십시오. 이렇게 집중 능력을 강하게 하십시오. 하지만 원래의 연습은 훨씬 더 나아갑니다. 즉 고요하게 앉아 있기를 시도하는 반면에 빠르게 '방해자들'을 인식하게 됩니다. 생각, 감정, 여러 가지 신체 감각은 당신을 항상 다른 곳에 관심을 돌리게 합니다. 그리고 분명 귀찮게 하는 것들은 정말로 깊은 평온함으로 발전하는데 필요한 '훈련의 유혹'입니다. 만약 당신이 내면의 교란자와 아무린 문제가 없다면, 다른 사람들 역시 당신을 더 이상 쉽게 도발하지 못할 겁니다.

사마타 명상은 근심, 걱정, 기억, 미래에 대한 환상, 혼잣말, 비난, 자기 자신에 대한 의구심 등과 같은 내적으로 신경 쓰는 것들과의 바람직한 관계에 대해 많이 가르쳐줄 수 있습니다. 모든 것들이 아주 단순하게 작용하기 때문에 당신에게 필요한 것은 오직 인내뿐입니다.

1. 숨의 흐름에 주의 집중하십시오.
2. 어느 때에 생각과 감정이 전환되는지 감지하십시오. 그냥 주의 깊게 그것을 인지하십시오.
3. 그리고 나서 다시 부드럽게 숨의 흐름에 주의 집중하십시오.

   명상은 기본적으로 이런 순서로 항상 반복합니다. 인내하고 내려놓으며 기대하거나 평가하지 않습니다. 이제 더 자세하게 설명하겠습니다.

- 방해받지 않는 장소를 찾으십시오. 적어도 10분의 시간을 내어, 똑바로 그러나 편안한 자세로 앉으십시오. 눈을 감고 잠시라도 안정을 취하십시오.
- 이제 3번 깊게 숨을 쉬십시오. 숨을 내쉴 때 아마 몸의 긴장이 조금 더 풀릴 겁니다. 그리고 나서 당신만의 숨의 리듬을 찾으십시오. 명상은 숨쉬기 연습이 아닙니다! 숨을 간단히 들이쉬고 내쉽시오. 호흡에 옳은 것과 그른 것은 없습니다. 단지 가능한 한 코를 통해서 숨 쉬는데 신경 쓰십시오.
- 이제 콧볼 혹은 콧속의 숨의 흐름에 집중하십시오. 어느 순간에 숨을 가장 잘 느끼는지를 관찰하십시오. 숨의 부드러운 흐름, 들이마실 때의 냉기와 내쉴 때의 온기를.
- 모든 숨쉬기의 시작, 중간 그리고 마지막에 주의한다면 더 쉽게 집

중을 계속할 수 있습니다. 숨을 들이쉴 때는 마음속으로 '안으로-안으로-안으로'를, 숨을 내쉴 때는 '밖으로-밖으로-밖으로'를 생각하십시오.

- 언젠가는 그리고 어쩌면 아주 빨리, 더 이상 숨의 흐름에 집중하지 않고 있다는 것을 알아차릴 겁니다. 이것저것 생각하기도 하고 감정에도 빠질 겁니다. 소음도 듣고 허리의 고통도 느낄 겁니다. 그래도 흔들리지 말고 평정심을 잃지 말고 그냥 받아들이십시오. 그런 다음 다시 호흡에 집중하십시오. '안으로-안으로-안으로', '밖으로-밖으로-밖으로'.

- 그리고 평온함을 유지하십시오. 감정의 전환을 알아채도 아주 조금만 반응하십시오. 검술 고수가 젊은 검투사에게 한 것처럼.

- 연습을 끝내기 직전에 주의를 잠시 몸으로 돌리십시오. 몸의 무게를 느끼십시오. 그리고 나서 눈을 다시 뜨기 전에 3번 더 숨을 깊게 들이마시고 내쉬십시오.

결코 좌절하지 말고 이 말을 기억하십시오. "명상은 집중을 잘하는 것이 아니라, 연습하는 것이다!"라는 것을.

사부의 실력
(태국)

퐁 사부에게는 이미 깨달음을 경험했고 최고의 통찰을 배운 제자가 있었다. 그러나 제자는 스승이 자신보다 훨씬 지혜로운 것을 알고 있으나 그것의 비결이 무엇인지 몰랐다. 그것에 대해 사부와 이야기를 했을 때, 사부는 "오로지 집중"이라고 말했다.

제자는 그 말을 믿을 수 없었다. 그때 사부가 다시 말했다.

"네가 제대로만 한다면 비결을 자세히 알려 주겠다. 조심하거라. 시험은 상당히 위험하다!"

제자는 망설임 없이 바로 동의했다. 사부는 자신의 칼을 끄집어내고, 제자에게는 나무 대접을 주었다.

"그러면 이제 이 대접의 테두리까지 물을 가득 채워서 사원을 세 바퀴 돌거라. 네가 흘리는 물방울만큼 나는 너의 관절 마디를 자를 것이다."

제자의 얼굴이 창백해졌다. 그러나 그는 자신에게 주어진 시험에 도전했다. 한 걸음 한 걸음 그는 물 대접을 들고 사원을 돌았다. 한 바퀴, 두 바퀴, 세 바퀴 그리고 한 방울의 물도 떨어뜨리지 않았다.

그는 기쁨에 가득 차서 비결을 들으려고 자랑스럽게 사부 앞에 섰다.

사부는 웃었다. "네가 물 대접을 나른 것처럼 나도 그것을 똑같이 한다. 그러나 나는 모든 일을 집중하며 한다."

한 가지 일에 완전히 집중하기

정신집중은 인생을 아주 밝고 가볍게 하는 무료입장권입니다. 집중하고 집중의 폭을 넓히는 것은 힘들 것 같아도, 실제로는 정반대입니다. 긴장을 풀고 정신을 집중한다면 곧바로 많은 스트레스에서 벗어날 수 있습니다. 스트레스는 알려져 있듯이 머리에서 생깁니다. 물론 정신이 집중된 사람의 머릿속에서는 아닙니다. 정신을 집중하는 순간에 우리는 과거의 실수, 불확실한 미래에 대해 걱정하지 않습니다.

정신집중의 능력 그 자체는 지극히 평범한 능력입니다. 집중하지 않고서는 손가락을 다치지 않으면서 양파를 자를 수 없습니다. 목이 부러지지 않고 계단을 내려갈 수 없으며 사고 없이 자동차를 운전할 수 없습니다. 어떤 사람들은 정신집중을 아주 잘 할 수 있고, 그렇지 않은 다른 사람들은 정신집중이 잘되지 않습니다. 근본적으로 정신집중 능력은 아주 쉽게 연습할 수 있습니다. 예를 들어 스포츠, 예술, 학문 혹은 업무 등에서 평균 이상이 되고자 한다면 오히려 자신의 재능을 믿어서는 안됩니다. 재능은 언제나 과대평가되기 때문입니다. 목표에 효과적으로 도달하는 데는 인내와 집중이 매우 중요합니다.

정신집중 자체가 이미 보상을 가져다 주기 때문에 집중만을 목적을 위한 도구로 보는 것은 유감스러운 일입니다. 한 가지 문제에 집중을 잘하는 사람은 자동적으로 에너지를 절약하게 됩니다. 이와 반대로 집중하시 못하는 사람은 에너지를 엄청나게 빼앗길 수 있습니다. 지속적으로 다른 일에 신경을 써야 하는 것이 얼마나 예민해지는 일인지 분명히 당신도 경험했을 겁니다. 그럼, 우리를 신경 쓰게 하는 일이 도대체 어떤 것일까요?

'주의 집중력 명상'을 할 때 생각과 감정들은 '기분 전환' 또는 '방해'가 되지 않습니다. 그것들은 단순히 우리 의식 속의 움직임일 뿐입니다. 우리 정신의 끊임없는 활동의 표출입니다. 그것들이 걱정, 기억, 독백, 환상이든 아니든 상관없습니다. 생각은 단지 생각일 뿐입니다. 우리는 생각을 간단하게 인지하고, 생각들과 인사를 나누고 나서 다시 자신의 호흡을 관찰할 수 있습니다.

일상생활에서도 똑같이 할 수 있습니다. 한 가지의 일에 집중하십시오. 언제나 한 가지 일에만. 만약 갑자기 전화가 울리거나 누군가 당신에게 말을 걸면, 그 순간에 신경이 다른 곳으로 향하게 됩니다. 괜찮습니다. 전화가 오면 그냥 통화하세요. 누군가와 대화를 나누면 모든 주의가 대화로 향할 것입니다. 그런 다음에 다시 긴장을 풀고 방해를 받았다는 느낌 없이 원래 하던 일로 돌아갈 수 있습니다.

책을 읽을 때는 읽으십시오. 잔디를 깎을 때는 잔디 깎기에만 집중하십시오. 샤워를 할 때는 피부와 머리카락뿐만 아니라 마음과 영혼까지도 샤워하십시오. 이메일을 쓸 때는 온전히 이메일에 전념하십시오. 그 순간에 해야만 하는 한 가지가 바로 그것입니다. 한 번에 두 걸음을 걸을 수 없습니다. 그리고 이것을 잘 알고 있다면 더 이상 흥분하거나 긴장할 이유가 없습니다.

물론 어느 누구도 24시간을 집중할 수 없습니다. 그러나 다른 한편으로 매일, 매 순간 집중력 연습을 할 수 있습니다. 집중을 쉽게 할수록 다른 곳에 신경이 분산되는 일이 점점 적어집니다. 그리고 문제들에 대해 고심하고 사물과 사람들을 평가하고 판단하거나 혹은 검은 늑대에게 먹이를 주는 것에 에너지를 점점 더 적게 쓰게 됩니다.

집중은 고요함과 상쾌함을 가져다줍니다. 만약 생각이 계속 방황하는 것을 멈춘다면, 자신이 하는 일을 긴장하지 않고 활기차게 할 수 있습니다. 그러면 당신도 물이 가득 찬 대접을 들고 한 방울도 떨어뜨리지 않고 사원을 세 번 도는데 성공하게 될 것입니다. 그러려면 사부가 떨어진 물방울의 대가로 당신의 손가락이나 발가락의 마디를 자를 거라는 불안감을 가져서는 안됩니다.

노인의 행복
(프랑스)

세 명의 병사가 숲속에서 길을 잃어 밖으로 나가는 길을 찾지 못했다. 얼마 후 그들은 작은 오두막을 발견했고, 그 안의 바닥에 쪼그리고 앉아 있는 노인을 보았다. 그런데 그의 얼굴이 너무 행복해 보여서 그들은 깊은 감명을 받았다.

병사들은 노인에게 인사를 하고 그중 한 명이 말했다. "어르신, 저희는 숲속에서 길을 잃었습니다. 저희에게 길을 알려 주시겠습니까?"

"어르신, 저희는 배가 고픕니다. 저희를 위해 약간의 빵을 나눠주시겠습니까?" 두 번째 병사가 말했다.

"어르신, 저희는 용기가 없습니다 그리고 불행합니다. 어떻게 해서 어르신이 행복하게 되었는지 말씀해 주시겠습니까?" 세 번째 병사가 말했다.

노인은 병사들에게 몸을 돌리고 말했다.

"나는 항상 행복합니다!"

병사들은 깜짝 놀랐다.

"숲의 한 가운데 있는 이 외로운 오두막에서 모든 사람들과 격리되어 앉아 있는데도 어르신은 행복하십니까? 비결이 무엇입니까?"

"행복의 비결은 여기에 있습니다." 노인이 대답하면서 병사들에게 오두막에 나 있는 작은 창문 하나를 가리켰다.

"그냥 보시지요!"

병사들은 창문을 통해서 밖을 보았고 어리둥절해 하며 서로를 바라보고는 다시 말했다.

"어르신은 저희를 바보로 아십니까? 저기에 메마른 나뭇가지 외에는 아무것도 없습니다."

"자세히 바라보세요!"

"예, 단지 몇몇 나무줄기와 가지들뿐입니다. 그리고 그 뒤에 하늘이 조금 보입니다!"

노인은 고개를 끄덕였다.

"예, 그것이 행복의 비결입니다. 작은 조각의 하늘!"

눈에 띄지 않는 것의 마법에 관하여

나의 첫째 아들은 기네스북을 좋아합니다. 그는 유튜브로 세상에서 가장 강한 남자, 가장 와일드한 스턴트맨 그리고 가장 대담무쌍한 곡예사를 봅니다. 물론 슈퍼맨, 배트맨, 로켓 자동차 같은 것들도 아주 좋아합니다. 그 아이가 작고 눈에 띄지 않는 것의 가치에도 주목하도록 나는 내가 할 수 있는 것을 하곤 합니다. 그러면 내가 무엇을 해야만 할까요? 그는 겨우 11살입니다. 그래서 그 아이가 특별한 것에 관심을 갖는 것은 어찌 보면 당연합니다.

내가 관찰한 바에 의하면, 그것은 그 나이 또래의 아이들에게는 아주 평범한 것입니다. 특별한 것과 뛰어난 것에 특히 주목하는 것은 우리 어른들도 마찬가지입니다. 우리는 가장 높은 산, 가장 유명한 영화배우, 가장 끔찍한 자연재해 또는 가장 센세이셔널한 기사에 대해서 감명을 받는 반면, 발 아래의 잔디, 공원에 있는 나무들, 카푸치노의 라테아트 그리고 아이들의 반짝이는 눈빛과 같은 소소한 것들을 언제나 그냥 지나칩니다.

최근에 나는 뮌헨 시내에서 생일카드를 사려고 진열대 앞에 오랫동안 서 있었습니다. 그때 글귀 하나가 눈에 들어왔습니다. 바람 부는 곳에 피어있는 민들레 그림 아래에 다음과 같이 쓰여있었습니다: "인생에서 소소한 것들을 즐기십시오. 언젠가는 당신이 회상하면서 그것들이 대단했음을 확신할 겁니다." 그 카드를 사지는 않았지만 나는 완전히 다른 눈으로 하루를 보냈습니다. 우리가 작고 눈에 띄지 않는 것들에 더 많이 주의를 기울이기 시작한다면 세상은 더 놀라울 겁니다. 당신이 경험하길 원한다면 다음의 연습이 매우 적당할 것입니다.

작은 조각의 하늘

영국의 소설가이며 「셜록 홈스」의 작가인 아서 코난 도일은 "사소한 것들이 가장 중요하다는 것은 이미 오래된 나의 기본 원칙이다"라고 약 100년 전에 썼습니다. 사소한 것들에 세심한 눈길을 준다는 것은, 말 그대로 개미, 오랑캐꽃, 작은 조약돌과 같이 아주 작은 것들을 기대하며 바라봐야 한다는 것이 아니라, 시각을 넓혀 시야 밖에서 일상의 혼잡 속으로 쉽게 빠져들어 가 버리는 것들을 더 주의해서 보는 것입니다. 새로운 열린 관점을 얻을 무궁무진한 가능성이 있습니다. 여기서는 간단한 2개만 다루겠습니다.

1. 위에 있는 하늘을 가끔 한 번씩 쳐다보십시오. 우리 대부분은 상대적으로 제한된 세상의 단면만을 봅니다. 즉 바로 우리 코앞에 있는 것만 봅니다(우리가 인지하지 못하는 사이에). 지금 위를 바라보면서 주의력을 펼쳐 보십시오. 이야기에서처럼 '작은 조각의 하늘'을 당신 역시 창문을 통해서 볼 수 있습니다. 물론 그것은 야외에서 더 잘 됩니다. 구름을 바라보십시오. 구름의 여러 가지 모습과 색깔을 바라보십시오. 태양이 비칩니까? 날씨는 어떻습니까? 단지 그런 행위로 시선을 열어 놓는 동안에 당신은 어떻게 생각이 평온해지는지를 깨닫게 될 것입니다.

보고 있는 것에 깊이 잠기기 위해서 몇 분의 시간을 더 가져 보십시오. 혹은 하루 동안에 수시로 하늘을 잠깐이라도 보기 위한 짧은 기회들을 많이 가져 보십시오.

2. 주위에 있는 나무들을 바라보십시오. 나무들은 때때로 당연히 있는 무대 배경 같습니다. 그렇지만 훨씬 더 많은 나무들이 있습니다. 당신이 대도시에 살고 있더라도 많고 다양한 종류의 나무들이 공원에 그리고 거리에서 자라고 있는 것을 깨달을 겁니다. 기차나 차를 타고 가거나 시골에서 시간을 보낼 때, 우리는 생각보다 훨씬 더 많은 나무들로 둘러싸여 있는 것을 알게 됩니다. 의도적으로 나무 하나하나에 주의를 기울여 보십시오. 나무의 윤곽, 크기, 껍질, 큰 가지 그

리고 잔가지에. 나뭇잎들의 여러 가지 색깔들도 주의해서 보십시오.

매일 우리 주변에 있는 작고 눈에 띄지 않는 모든 것들이 행복의 원천이 될 수 있습니다. 그러나 이런 것들이 눈에 들어오지 않기 때문에 우리는 시선을 날카롭게 해야만 합니다. 시선에 더 많은 주의와 감사함을 담는다면 사소한 것들이 훨씬 수월하게 눈에 들어올 겁니다.

아름다운 세 자매
(티베트)

옛날 티베트에 세 자매가 살고 있었다. 그들은 자신들이 좋아하는 보석 이름을 붙여서 금소녀, 은소녀 그리고 철소녀로 불렀다. 세 자매의 미모는 멀리까지 알려졌다. 이들 중에 한 명 아니면 세 명 모두를 부인으로 맞이하길 원하는 젊고 위풍당당하고 돈 많은 남자들이 많았다.

하지만 세 자매의 아버지는 야심이 컸고 오직 최고의 남자와 딸들이 혼인하기를 바랐다. 적어도 하인을 많이 거느리고 돈도 많고 권력도 있는 상인 정도는 되어야 했다. 그래서 부유하지만 돈이 충분히 없고, 명성은 있지만 권력이 충분하지 않고, 힘이 세지만 충분히 강하지 않은 구혼자들은 목적을 이루지 못하고 다시 돌아가야만 했다.

세 자매의 아름다움과 아버지의 야심은 특히 두 딸의 콧대를 더욱 높게 만들었다. 이들은 결코 보통 사람을 원하지 않았고, 권력도 있고 돈도 많은 사람을 배우자로 원했다. 두 딸이 가장 원하는 배우자는 왕이었다. 철소녀만 온화하고 착한 마음씨를 가진 남자를 원했다.

어느 날 아침 금소녀가 물을 길러 우물로 가는 행렬에 있었다. 가는 도중에 수염이 덥수룩하고 누더기를 걸친 거지가 먼지 날리는 길가에 누워있었다. 금소녀가 지나쳐가려 할 때, 그 거지는 애걸하듯 손을 들어 올렸다.

"아름다운 소녀", 거지가 외쳤다. "나를 일으켜 주세요. 굶주려서 힘이 없어요!"

금소녀는 코를 찡그리고는 계속 서둘러 갔다.

"기다려봐요!" 거지가 소리쳤다. "나는 아름다운 신부를 찾고 있는 왕을 압니다. 그리고 당신은 정말 아름답습니다!"

그러자 금소녀는 발걸음을 멈추고 거지에게 몸을 돌렸다.

"왕을 안다고 했어요?"

"오, 그래요! 나를 부축해 일으켜 주고 먹을 것 좀 주세요."

"어머나! 일으켜줄 테니 나를 왕에게 데려가 주세요!"

거지는 다리를 떨면서 일어섰고 외투에서 피리를 꺼내 신비로운 선율을 연주했다. 그러자 때마침 황금 외투를 입고 황금 신발을 신은 건장하고 단정한 옷차림의 남자가 걸어왔다. 그는 금소녀를 보자마자 무릎을 꿇고 자신의 아내가 돼 줄 것을 청했다. 금소녀는 너무 기뻐하며 승낙하고, 아버지도 흔쾌히 허락해 줄 구혼자를 집으로 데려갔다.

집안에 여전히 물이 없었다. 이번엔 은소녀가 길어올 차례였다. 그리고 다시 우물로 가는 길에 거지가 누워있었고 도움과 먹을 것을 부탁했다. 하지만 은소녀는 머리를 가로저으며 거지를 피해서 갔다.

"기다려주세요!" 거지가 말했다. "나는 아름다운 신부를 찾고 있는 왕을 압니다. 그리고 당신은 정말 아름답습니다!"

그러자 은소녀가 걸음을 멈췄다.

"내가 결혼하고 싶어 하는 왕을 안다고요? 그를 보여 주세요!"

"오, 그래요! 나를 부축해 일으켜 주고 먹을 것 좀 주세요."

"어머나! 일으켜 줄 테니 나를 왕에게 데려가 주세요!"

일어난 거지는 또 외투에서 피리를 꺼내 신비로운 선율을 연주했다.

그러자 은으로 된 외투를 걸치고 은신발을 신은 남자가 은마차를 타고 왔다. 그는 은소녀를 보자마자 마차에서 내려와 그녀에게 손을 내밀며 청혼했다. 은소녀는 매우 기뻐하며 승낙하고, 아버지도 흔쾌히 허락해 줄 구혼자를 집으로 데려갔다.

여전히 집에는 물이 없었다. 그래서 이제는 철소녀가 물을 길어오기 위해 나섰다. 그녀 역시 길 위에 누워있는 거지를 발견했다.

"아름다운 소녀여", 거지가 말했다. "나를 좀 일으켜 주세요. 배가 너무 고파서 힘이 없어요!"

철소녀는 물 항아리를 내려놓고 그가 일어서게 도와줬다.

"나에게 줄 빵이 있나요?" 거지가 물었다.

"아니요. 미안하지만 지금 빵이 없어요. 하지만 이 사과를 줄게요. 물을 길어서 돌아올 때 나와 함께 집으로 가요. 그러면 당신에게 저녁을 넉넉히 대접하겠어요."

"당신은 참 착한 소녀입니다! 나는 훌륭한 신붓감을 찾고 있는 왕을 압니다. 그리고 당신은 정말 아름답습니다!"

철소녀는 환하게 웃음을 터뜨렸다.

"아, 하지만 나는 왕이 필요하지 않아요. 나는 단지 따뜻한 마음씨를 가진 착한 남자를 원해요."

"그럼", 거지는 말하면서 미소를 지었다. "그것도 어쩌면 될 수 있을 겁니다. 자, 빨리 물을 길러 갑시다."

그렇게 그들은 우물로 가서 물을 길었다. 거지는 자신이 항아리를 들어주겠다고 고집을 부렸으나 몇 발자국도 가지 못해 값비싼 항아리를 손에서 떨어트려 결국 항아리가 깨져버렸다. 그러자 철소녀는 몹시 슬퍼하며 울었다. 거지는 자신의 불찰을 용서해 줄 것을 빌었다. 하지만 그녀는 손짓을 하며 거절했다.

"당신 잘못이 아닙니다. 그 일은 내게도 일어날 수 있었습니다. 내가 걱정하는 것은 단지 아버지가 화를 많이 낼 거라는 겁니다." 그리고 나서 그녀는 다시 미소를 지었다.

"자, 그럼. 나와 함께 집으로 가요. 저녁식사를 약속했잖아요!"

거지는 고개를 끄덕였다. "그러면 당신에게 따뜻한 마음씨를 가진 왕을..." 철소녀는 그냥 웃으면서 거지의 팔을 잡아당겼다.

철소녀와 거지가 집에 도착했을 때 그곳은 흥분의 도가니였다. 왜냐하면 두 자매와 아버지가 흔쾌히 사위로 받아들인 구혼자들이 집에 와 있었기 때문이었다.

두 언니, 금소녀와 은소녀는 거지와 함께 온 동생을 보고 비웃었다.

"오, 너 역시 왕을 데리고 왔구나. 거지 왕!"

거지가 나타나서 집안에 있는 사람들을 놀라게 하자, 아버지는 그를 즉각 집 밖으로 내보내려고 했다. 거지는 "당신의 두 딸들은 왕을 남편으로 선택했습니다"라고 말한 뒤 자신의 누더기 옷을 벗어 던져버렸다. 그러자 철로 된 벨트를 맨 깨끗하고 하얀 옷을 입은 남자가 그들 앞에 서 있었다.

아버지와 딸들 모두는 눈을 크게 뜨고 입이 쩍 벌어졌다. 반면 두 명의 왕은 의미심장한 미소를 짓고 있었다.

"두 왕들은 나의 충실한 하인들입니다."

거지는 가발을 벗고 덥수룩한 수염을 떼어냈다. 비단결 같은 검은 머리카락의 키가 크고 젊은 남자가 가족들 앞에 서 있었다. 고귀한 신분이라는 것이 그의 얼굴에서 역력히 드러났다. 아버지와 두 딸은 그에게 허리를 깊숙이 숙여 인사했다. 단지 철소녀만 그냥 그대로 서서 그를 똑바로 쳐다보고 있었다.

"왕 같은 하인은 가축의 똥을 모으는 데에 왕입니다." 그는 금소녀에게 결혼하자고 했던 왕을 가리켰다.

"그리고 쓰레기를 모으는 데에 왕입니다." 그는 은소녀의 구혼자를 가리켰다.

그러자 두 왕이 자신들의 주인에게 인사를 올렸다. 그와 동시에 모든 환상이 사라져버렸다. 똥을 모으는 왕의 황금 외투와 황금 신은 황색의 잎사귀로 만들어졌고, 쓰레기 모으는 왕의 은신발과 은외투는 닳아 해진 마로 만들어져 있었다.

"나는 제국을 통치하는 투람 왕입니다. 만약 철소녀가 나를 품위 있다고 생각한다면 나는 그녀를 부인으로 삼겠습니다. 그녀는 정말로 착한 마음씨를 가지고 있습니다. 나는 그런 여자를 왕비로 맞이하길 원합니다."

두 언니들은 증오심에 가득 차서 여동생과 자신들이 선택했던 남편들을 바라보았다. 하지만 아무 소용이 없었다. 금소녀는 똥 치우는 하인을 따라가야만 했고, 은소녀는 쓰레기 모으는 하인을 따라가야만 했다. 그러나 철소녀는 투람 왕을 남편으로 받아들였다. 그들은 오래도록 행복하게 살았으며 선량한 마음으로 현명하게 나라를 다스렸다.

선함의 씨앗

당신이 내보낸 것은 어떤 방법으로든지 당신에게 다시 돌아옵니다. 정신은 삶을 만들어내고, 가슴속에 품고 있는 생각과 의도는 아무런 효과가 없는 것이 아닙니다. 물론 긍정에 대한 규칙적이고 오랜 기간의 실행은 우리에게 행복과 만족을 선물합니다.

근본적으로 그런 실행은 정말 아주 간단하고 쉽게 할 수 있는 것들입니다. 만약 사과나무를 원한다면, 사과씨를 뿌려야만 합니다. 모든 것은 씨를 뿌린 것에서 수확하게 됩니다. 그것이 사과든지 체리든지 혹은 행복이든지 불행이든지 간에. 이 법칙은 이 세상 모든 곳의 모든 사람들에게 똑같습니다. 검은 늑대에게 먹이를 주면 탐욕, 불손함, 욕심, 질투의 결과가 유감스럽게도 당신을 벗어날 수 없습니다. 하얀 늑대에게 먹이를 주면 선함, 공감, 연대감, 평정의 효과가 당신의 삶에 나타납니다.

거지에게 빵을 주십시오. 그러면 당신은 다른 경험을 하게 될 것입니다. 거지에게 그냥 빵을 주는 것과 이익을 생각하고 베푸는 것은 다른 것입니다. 씨앗이 언제 싹틀지는 아무도 모릅니다. 하지만 그것은 단지 시간문제라는 것을 나는 약속할 수 있습니다.

그럼, 선의 씨앗을 어떻게 뿌릴 수 있을까라는 문제가 남아있습니다. 여기에서는 힘들고 혹은 험난한 연습이 더 이상 도움이 되지 않습니다. 하지만 당신이 감사함, 열린 마음 혹은 공감 등과 같은 감정을 쌓기 위하여 실행할 수 있는 특정한 방법이 있습니다.

간단하지만 아주 효과적으로 실현 가능한 방법은 의도적으로 마음챙김을 훈련하는 것입니다. 마음챙김을 하는 것은 단지 주의만 하는 것보다 더 조정될 수 있습니다. 왜냐하면 마음챙김은 단지 멘탈의 능력뿐만 아니라, 마음의 모든 관점에 반응을 보이기 때문입니다. 마음챙김은 현재로 이끕니다. 마음챙김은 당신이 어떻게 이해하는지 알아차리게끔 도와줍니다. 예를 들어 당신은 자신의 동기가 무엇인지 한 번쯤 물어볼 수 있습니다. 왜 당신은 특정한 행동을 하거나 물어볼까요? 예를 들어 누군가에게 전화를 건다면, 의도가 무엇일까요? 단지 정보를 나누기 위해서 일까요? 아니면 상대방과 관계를 쌓기 위해서 일까요? 그에게 도움을 주려고 하는 것일까요? 혹은 나쁜 기분을 상대방에게 화풀이하거나 혹은 그를 비판하거나 공격하려고 하는 걸까요? 아니면 그냥 정말 지루해서 혹은 상대방의 목소리를 듣고 싶어서 일까요? 이것들이 한결같지 않은 동기입니다.

자신의 의도에 대한 마음챙김을 연습하는 것은 대상을 더 명확히 보는데 도움을 줍니다. 평가하지 않고 혹은 판단하지 않고 대상을 보는데 성공할 때, 마음챙김으로 인생의 광범위한 효과를 누리게 됩니다.

이런 방법으로 마음을 챙기면서 당신은 선을 위한 마음을 열고 자신을 매력 있는 사람으로 만듭니다. 당신은 행복하게, 성공하게 혹은 기쁘게 하는 것을 밀쳐내는 대신 정확히 그것들을 끌어당기게 됩니다.

10센트 실험

아주 많은 돈을 가진 사람이 그 돈을 길거리에 던져버릴 수 있을까요? 진심으로 말해서 나나 거의 모든 사람은 어떤 미친 사람이 자신의 돈을 길거리에서 던질까라고 생각할 겁니다.

재미있는 실험을 제안하겠습니다. 이 실험에는 10센트의 동전이 필요하지만, 아마 돈으로 환산할 수 없는 통찰을 갖게 해 줄 겁니다. 실험은 아주 간단합니다. 길거리에 10센트를 던지십시오. 아무도 모르게 하도록 주의하십시오. 그런 다음에 몇 미터 정도 계속 걸어가십시오. 그리고 무슨 일이 일어나는지를 보십시오.

누군가 동전을 발견하고 줍는 데 오랜 시간이 걸리지 않습니다. 그 모습을 정확히 바라보십시오. 특히 돈을 주은 사람의 얼굴을 주의해 보십시오. 그것이 단지 하찮은 10센트 짜리 동전이지만, 아마도 매우 기뻐하는 사람의 모습을 볼 수 있을 겁니다.

이렇게 당신은 10센트를 주은 사람을 조금 더 행복하게 만들어준 것입니다. 그러면 이제 자신의 감정을 느껴 보십시오. 혹시 당신은 두 사람을 조금 더 행복하게 만들지 않았습니까?

만약 두 사람이 조금 더 행복해지고 그래서 조금 더 웃고 친절해진다면, 그 기쁨은 조약돌을 던진 호수의 물결처럼 퍼져나갈 겁니다. 그렇게 해서 당신은 10센트로 세상을 조금 더 아름답게 만들었습니다!

불만투성이 석공
(러시아)

아주 먼 옛날 디브노고르스크에 석공이 어머니와 살고 있었다. 돌을 자르는 일은 힘들었고 벌이가 별로 없어 가난했다.

어느 날 그가 한 부유한 상인을 만났을 때 자신의 운명을 한탄했다.

"아, 내가 주머니마다 돈이 두둑한 저 상인이라면, 최고로 좋은 음식만 먹고 살이 포동포동 쪘을 텐데!"라고 말하며 한숨을 쉬었다.

그러자 그가 부유한 상인으로 변했다. 주머니마다 돈이 가득 들어있었고 최고의 음식을 먹었으며 커다란 집에 살며 온갖 귀한 물건들을 가졌다.

그렇게 변한 석공은 더없이 기뻤고 매우 즐거워하면서 흥청망청 살았다. 그렇지만 그 생활은 오래 지속되지 않았다. 얼마 지나지 않아 가난한 사람들이 자신을 얼마나 시기하고 경멸의 눈으로 보는지, 그리고 자신보다 재물이 부족한 사람들이 얼마나 증오하는지를 알아챘다. 반면에 모든 사기꾼들과 도둑들이 그의 집을 자주 들락거렸다.

그러던 어느 날 황제의 세무 관료가 그를 찾아왔다. 그 순간 석공은 한숨을 쉬며 말했다.

"아, 내가 하인과 군인과 권력을 가진 이 넓은 영토의 황제라면!" 그러자 그가 정말로 황제가 되어버렸다.

그는 제후들의 인사와 백성들의 존경을 받으면서 황제의 권력을 느끼고 즐겼다. 그러나 얼마 뒤 전쟁을 치르고 친인척과 분쟁이 생겼을 때 권력이 자신을 짓누르고 있다는 걸 알았다. 자신의 상황을 몹시 원망하면서 공원을 산책하는 동안 태양이 위에서 뜨겁게 내리쬐고 있었다. 그는 또다시 탄식했다.

"아, 내가 태양이라면 모든 것을 비추고 위에서 내려다볼 텐데!" 그러고는 그가 정말 태양이 되었다.

자신이 태양이 된 것을 기뻐했으나 구름이 다가오자 태양은 아무것도 비추지 못했고 위에서 아무것도 볼 수 없었다.

그때 그는 다시 구름이 되기를 원했고, 그렇게 구름이 됐다. 그러나 바람이 불어와 구름을 멀리 보내 버렸다.

그래서 그는 바람이 되기를 원했고, 그렇게 바람이 됐다. 그러나 바람은 바위에 걸려 막혀버렸다.

그는 바위가 되기를 원했고, 그렇게 바위가 됐다. 바위가 된 그는 조용하고 강하게 서 있었다. 그러나 어느 날 한 남자가 끌을 가지고 와서 바위를 부쉈다.

그러자 그는 석공이 되길 원했다.

있는 모습 그대로 사세요

소원이 이뤄질 수 있다고 믿습니까? 나는 어렸을 적에 기관사가 되는 게 꿈이었습니다. 지금은 그 소원을 마음에 품고 있지 않습니다. 기차를 많이 타고 다니지 않지만 기차를 타야 할 때는 기관사가 있는 앞쪽보다는 식당 칸의 바에 앉아서 가는 걸 더 좋아합니다.

어릴 적 꿈을 기억하고 있습니까? 혹은 2~3년 전에 가졌던 소망은 어떻게 되었습니까? 그 소망은 아직 유효합니까? 꿈은 변하기 때문에 지금 아주 다른 꿈을 가지는 것도 충분히 가능한 일입니다. 물론 이상형의 파트너, 원하는 집이나 추구하는 일도 마찬가지입니다.

이야기 속의 석공에게 일어난 일이 우리에게서 일어나는 일과 닮은 점이 많습니다. 석공은 계속해서 그가 속한 곳이 아닌 다른 곳으로 가길 원했습니다. 그러나 다른 곳, 우리가 있는 곳보다 뭔가 더 많은 것이 있을 것 같은 그곳에서 결국은 만족하지 못하고 실망만 합니다.

나는 당신이 '업'에 대한 생각을 하기 시작했는지 안 했는지 당연히 모릅니다. 어쨌든 우리가 우연히 어떤 시점에 있든 없든 원인과 결과의 법칙이 의미가 있습니다. 당신이 업보를 믿지 않더라도 적어도 한 번은 다음과 같은 태도를 취할 수 있을 겁니다.

당신이 있는 장소, 지금 하고 있는 일, 같이 살거나 함께 일을 하는 사람들은 당신의 발전을 위해 절실하게 필요합니다. 다른 말로 하면, 모든 것이 가장 적합합니다. 그리고 당신 또한 거기에 가장 어울리는 사람입니다! 당신이 있는 이곳과 머무는 지금 이 순간에 바꿔야 하는 건 아무것도 없습니다. 당신이 누군가가 되기 위해서 먼 길을 돌아갈 필요가 없습니다. 이야기처럼 황제, 태양, 구름, 바람이나 바위가 될 필요가 없습니다. 당신 그 자체로 있으면 됩니다. '지금과 여기의 삶'에서 깊은 의미를 깨닫는다면 아마도 필요한 변화는 저절로 생길 것입니다.

위의 내용이 어렵다면 다음 2개의 질문이 도움이 될 것입니다.

- 지금 상황에서 어떤 발전 가능성이 있을까요?

  작은 팁을 준다면, 지금 어떤 과제가 놓여 있는지 자신에게 질문해 보십시오. 아니면 타인들과의 관계나 직장에서의 어려운 점이 혹시 뭔가 가치 있는 것을 가리고 있지는 않은지 깊이 생각해 보십시오. 좋아하지 않는 사람과의 관계 속에서 혹은 어려운 업무처리를 하면서 매 순간 배울 수 있습니다. 결국에는 지금 처해있는 상황이 당신이 진심으로 원하는 것에 도달하게끔 도움을 줄 것입니다.

- 무엇을 바꿔야 할까요?

  외적인 변화는 대부분 그다지 중요하지 않습니다. 내적으로 당신을 성공시킬 미세한 변화만 있으면 됩니다. 저항을 줄일 필요가 있습니다. 좀 더 자주 "네"라고 말하거나 당신이 하는 일을 평안하게 하는 겁니다. 현 상황을 변화시켜야 하거나 내려놓는 데에는 때때로 적절한 이유가 있습니다. 간절하게 다른 일을 원한다면, 그렇다면 지금의 일은 당신의 일이 아닙니다. 그러니 새로운 직업을 찾으십시오!

슬픈 항아리
(스웨덴)

유틀란트에 무척 즐거워 보이는 작은 집이 하나 있었다. 그곳에는 꽃을 좋아하는 친절한 할머니 혼자 살고 있었다. 그런데 우물이 없어서 매일 강에서 물을 길어와야 했다. 할머니는 아침마다 물동이 두 개를 어깨에 지고 강으로 가면서 하루를 시작했다. 강에서 돌아올 때는 물을 한 동이 반에 채워 지고 왔다. 반만 찬 물동이의 물은 요리에 필요한 것이었고 꽉 찬 한 동이는 꽃들에게 주기 위한 것이었다.

그러면 할머니는 왜 물을 두 동이를 꽉 채워 오지 않고 한 동이 반을 지고 오는지 묻고 싶을 것이다. 물 항아리 하나에는 물이 샐 정도의 금이 가 있어서 집에 도착했을 때는 남아 있는 물이 반밖에 없기 때문이었다.

그렇게 몇 년이 지났다. 할머니는 항아리들이 생각, 감정, 근심이 있는지를 전혀 몰랐다. 그렇지 않았으면 할머니는 온전한 항아리가 자신의 역할에 대해 자부심을 갖고 있는 반면, 금이 간 항아리는 자신의 결점을 슬퍼했다는 것을 알았을 것이다.

하루는 금이 간 항아리기 자신의 말을 알아듣는 고양이에게 말했다.

"아, 내가 어디에 쓸모가 있을까? 나는 금이 가서 내 의무인 물도 제대로 간수를 못하는데. 고양이야, 내가 어떻게 해야 하겠니?"

고양이는 앉아서 뒷발로 오랫동안 꼼꼼하게 몸을 닦았다. 그리고 나서 항아리를 똑바로 보고 말했다.

"넌 정말 멍청한 항아리구나. 우리 주인님이 너를 항상 왼쪽과 오른쪽으로 번갈아 가면서 지고 가는 걸 알아채지 못했어?"

"응, 몰랐어. 지금 네 말을 듣고 보니 그랬던 것 같아. 그런데 주인님이 왜 그런 거야?"

"강가에 예쁘고 튼튼하게 자란 많은 꽃들을 보지 못했어? 너는 왜 다른 길에는 꽃들이 자라지 않는지 이상하게 생각한 적 없어?"

"흠, 고양이야, 너는 나보다 더 많이 돌아다니니까 네가 말한 게 맞을 수 있겠다. 그런데 그게 어떻다고?"

"넌 정말 멍청한 항아리구나!"

항아리가 적색이 아니었다면 지금쯤 벌겋게 되었을 것이다.

"그래, 고양이야, 네 말이 맞아. 그런데 네가 그 수수께끼를 풀어 주지 않을래?"

잠시 후 고양이가 내려와서 항아리에게 말했다.

"그래. 얘기해 줄게. 그건 아주 간단한 거야. 네 몸에 나 있는 금에서 물이 조금씩 흘러내리지. 그럼 그 물을 길가의 꽃들이 먹어. 우리 주인님은 양쪽에 나 있는 꽃들에게 골고루 물을 주기 위해서 매일 물동이 자리를 바꾸셨어. 네가 네 결점을 한탄했지만 그 결점이 강으로 가는 길과 우리 집으로 가는 길에 꽃을 피워 예쁘게 장식했어. 너의 결점을 장점이라고 생각하는 건 네가 결정하기에 달려있어. 너는 어쨌든 멍청한 항아리니까!"

고양이가 거침없이 뱉는 말에 멍청했던 슬픈 항아리는 이제 더 이상 슬퍼하지 않았다.

실수는 인간적이다

삶이 지루하고 단순하게 흘러간다고 느낍니까? 견딜 수 없는 존재의 가벼움에 고통스러워하고 있습니까? 그렇다면 그 삶을 매우 빠르게 바꿀 수 있는 아이디어를 하나 드리겠습니다. 완벽한 인간이 되도록 시도해 보십시오! 그 어떤 실수도 하지 말고 단점이 하나도 없도록 해 보십시오. 당신이 아주 짧은 시간 안에 불만투성이에 예민해지고 좌절하고 바짝 긴장하게 될 것이라고 장담합니다.

완벽주의는 비 오는 날에 진흙투성이의 감자 밭을 신발을 전혀 더럽히지 않고 빨리 걸어 지나가려는 것과 같습니다. 완벽주의는 그렇게 간단하지 않습니다. 완벽은 환상이고 '그래야만 한다'와 같은 하나의 고정관념입니다. 기계나 로봇도 완벽하지 않습니다. 그런 기계들이 인간의 요구에 의해 완벽한 기능을 하도록 만들어졌어도 언젠가는 그것들도 기능을 다합니다. 자동차, 컴퓨터, 스마트폰 혹은 전동칫솔도 언젠가는 문제가 생깁니다. 그래도 점점 더 좋은 게 나오고 계속 발전하기 때문에 괜찮습니다.

실수는 성장할 가능성을 내포하고 있습니다. 어린아이들은 매번 넘어지면서 결국에는 걷는 것을 배워나갑니다. 외국어를, 트럼펫을 그리고 탱고를 배우고 새로운 레시피로 요리를 만들 때 실수를 하는 것에 대한 두려움을 버리고 임해야 마침내 끝까지 할 수 있습니다. 실수와 결점이 없다면 인생은 이미 지루했을 겁니다. 실수를 하지 않는 것을 배울 수는 없습니다.

사람들은 오히려 상대방이 약간의 결점을 가지고 있는 것을 좋아합니다. 실제로 완벽한 외모가 중요한 모델들에게도 '실수'나 '결점'이 성공의 요인이 된다는 연구 결과도 있습니다. 완벽하게 조화를 이룬 얼굴이 아니라 보통 사람들의 얼굴과는 약간 다른 뭔가 독특한 차이가 있는 모델의 얼굴을 사람들은 더 흥미로워하고 매력적이라고 생각합니다.

완전무결한 사람은 솔직히 섬뜩합니다. 온정이나 인간적인 면이 부족합니다. 이론상 이상적인 것과는 약간 차별화된 독창적이라는 것은 흥미롭고 중요한 점입니다. 작은 실수나 결점이 자연적인 완벽함에 진정한 아름다움을 더해줍니다. 정말로 완벽한 것은 역설적이게도 100% 완벽한 것을 말하는 것이 아닙니다!

소위 단점들은 종종 장점으로, 결점들은 강점으로 변하기도 합니다. 이쯤에서 이야기 하나가 생각납니다.

목수가 동료와 함께 시골길을 걷다가 들판의 가장자리에 서 있는 오래된 떡갈나무를 봤습니다. 나무 옆에는 옷장이 하나 만들어져 있었습니다.

"아, 우리가 이 나무만 있다면 무엇이든 만들 수 있을 텐데!" 동료가 감탄하며 외쳤습니다.

"이 나무는 쓸모가 없네." 목수가 그를 꾸짖었습니다.

"이 나무는 빨리 썩어서 배를 못 만드네. 그리고 쉽게 부러지기 때문에 집의 발코니도 못 짓네. 이런 나무로는 쓸모있는 것을 만들 수가 없네."

그리고는 그들은 계속 걸어갔습니다. '쓸모없는 것이 얼마나 좋은가. 내가 아무짝에도 쓸모가 없기 때문에 이렇게 오래 살지 않는가!'라고 나무가 생각했습니다.

만약 당신이 정말 쓸모없다고 느낀다면, '쓸모 있어야 한다'는 압박이 없고 쓸모없는 것이 때때로 아주 큰 장점이 된다는 것을 생각하십시오. 항아리에 나있는 금이 꽃들에게 물을 줬습니다. 그리고 금이 간 그릇을 가지고 있는 사람은 다른 사람들이 전혀 하지 못할 생각을 할 수 있습니다.

네 개의 보물
(영국)

웅장한 숲 근처 작은 오두막에 나무꾼이 살았다. 그는 나무를 베면 안 됐고 오로지 부러졌거나 떨어진 나뭇가지와 솔방울을 가지고 갈 수 있었다. 그 일은 벌이가 좋지 않아서 때때로 굶주린 채로 잠자리에 들어야 했다. 그렇지만 그는 착하고 명랑했고 밀렵이나 도둑질을 단 한 번도 생각한 적이 없었다.

어느 날 나무꾼이 자루를 반쯤 채우고 집으로 가고 있을 때 한 노인이 그의 앞에 나타났다. 노인의 복장은 단정하고 깔끔했으며 긴 회색 수염이 허리벨트까지 내려와 있었다. 눈은 마치 여름 하늘처럼 맑고 투명하게 빛이 났다.

"너는 왜 숲속 깊이 더 들어가지 않느냐?" 노인이 물었다.

"저는 배가 고프고 허약합니다. 만약 더 안쪽으로 들어가면 길이 더 멀어지고 짐은 더 무거워져서 돌아오기 힘들 겁니다."

"그렇더라도 조금 더 안쪽으로 가거라. 그러면 보물을 발견하게 될 거다." 그렇게 말하고 그 이상한 노인은 사라졌다.

나무꾼은 자신의 마음을 몰라서 어떻게 해야 할지 몰랐다. 그렇다고 더 좋은 대안이 있는 것도 아니었기에 노인의 충고를 따르기로 했다. 나무꾼은 계속 숲 안쪽으로 들어갔다. 그다지 멀지 않은 곳에서 나무 그루터기 위에 은화 세 개가 반짝이고 있는 것이 보였다. 이 은화 세 개면 석 달을 걱정 없이 살 수 있을 텐데! 나무꾼은 매우 기뻤고 마음속으로 방법을 알려준 노인에게 감사했다. 재빠르게 자루에서 나무들을 빼서 은화 세 개를 넣으려고 하자, 나무 뒤에서 갑자기 노인이 나타나 말했다.

"너는 왜 숲속 깊이 더 들어가지 않느냐? 은화들을 놔두거라."

"저는 배가 고프고 허약합니다. 그리고 이제는 석 달 동안 먹고 살 수 있습니다!"

"그렇더라도 조금만 더 안쪽으로 가거라. 그러면 너는 더 큰 보물을 발견하게 될 거다." 그렇게 말하고 노인은 사라졌다.

나무꾼은 이번에도 마음을 알지 못해서 어떻게 해야 할지 몰랐다. 그러나 노인의 첫 번째 충고가 좋았었기에 이번에도 그의 충고를 따르기로 했다. 나무꾼은 계속 숲 안쪽으로 들어갔다. 그다지 멀지 않은 곳에서 나무 그루터기 위에 금화 세 개가 반짝이고 있는 것이 보였다. 이 금화 세 개면 일 년을 걱정 없이 살 수 있고 새 옷과 새 신발을 장만할 수 있을 텐데! 나무꾼은 매우 기뻤고 마음속으로 방법을 알려준 노인에게 감사했다. 막 금화를 자루에 넣으려고 하자, 나무 뒤에서 갑자기 노인이 나타나 말했다.

"너는 왜 숲속 깊이 더 들어가지 않느냐? 금화들을 놔두거라."

"저는 배가 고프고 허약합니다. 그리고 이제는 새 옷과 새 신을 살 수 있고 일 년 동안 걱정 없이 살 수 있습니다!"

"그렇더라도 조금만 더 안쪽으로 가거라. 그러면 너는 더 큰 보물을 발견하게 될 거다." 그렇게 말하고 노인은 사라졌다.

나무꾼은 다시 노인의 충고를 따랐다. 조금 더 안쪽으로 간 곳의 나무 그루터기 위에 커다란 보석 하나가 반짝거리고 있었다. 나무꾼은 놀라서 보석을 쳐다봤다. 이렇게 아름다운 것을 아직까지 한 번도 본 적이 없었다. 이 정도의 보석이면 하인이 있는 집도 살 수 있고 더 이상 걱정을 할 필요가 없을 정도였다. 나무꾼은 매우 기뻤고 마음속으로 방법을 알려준 노인에게 감사했다. 막 보석을 자루에 넣으려고 하자, 나무 뒤에서 갑자기 노인이 나타나 말했다.

"너는 왜 숲속 깊이 더 들어가지 않느냐? 보석을 놔두거라."

"저는 배가 고프고 허약합니다. 그리고 이제는 모든 것을 살 수 있고 평생 걱정 없이 살 수 있습니다!"

"그렇더라도 조금만 더 안쪽으로 가거라. 그러면 더 큰 보물을 발견하게 될 거다." 그렇게 말하고 노인은 사라졌다.

이제 나무꾼은 자신이 원하는 게 무엇인지를 알고 있었다. 그는 평생 살아가는데 필요한 것, 그 이상은 바라지 않았다. 나무꾼은 착했고 대단한 부와 권력을 좇지 않았기 때문에 그가 필요로 한 것은 보물이 아니었다. 단지 가슴속의 행복감이 더 가치가 있었다.

그렇지만 노인이 계속해서 좋은 충고를 했었기에 나무꾼은 이번에도 믿어보기로 결정했다. 게다가 무슨 일이 생길지 궁금하기도 했다.

얼마 가지 않았을 때 그는 숲속의 공터에 아름다운 꽃들이 피어 있는 것을 봤다. 한적한 연못의 한 가운데에 작은 오두막이 있었고, 오두막으로 갈 수 있는 다리가 하나 놓여 있었다. 오두막 앞에 그 노인이 한가로이 앉아 있었다. 그의 머리 주변에서는 빛이 나고 있었다. 나무꾼은 다리를 건너 노인에게 다가갔다. 그때 노인이 눈을 크게 뜨고 나무꾼을 보고 웃으면서 과일과 꿀과 우유가 든 그릇을 건넸다.

나무꾼은 너무 배가 고팠기 때문에 이 작은 식사가 더할 나위 없이 값졌다. 배부르게 먹은 뒤 노인에게 물었다.

"그럼 이제 저는 어디로 가야 합니까?"

"모든 것들 중에서 네가 가장 큰 보물이라고 생각하는 곳으로 가거라. 네 마음대로." 노인은 눈을 감았고 빛이 그를 에워쌌다.

노인이 항상 좋은 충고를 했었기 때문에 나무꾼은 이번에도 노인을 믿기로 결정하고 자신의 내면으로 가는 길을 갔다. 무엇보다도 가장 큰 보물이 있다고 생각하는 마음으로 난 길을 갔고 죽을 때까지 그는 오랫동안 걱정 없이 즐겁게 살았다.

마음속 다이아몬드

검은 늑대가 접근하지 못하는 곳이 한군데 있습니다. 그곳은 마음 한가운데입니다. 물론 신체구조상 가운데가 아니라 정신적이고 내적인 중심을 의미합니다. 탄트라나 요가 철학에서는 마음속에 있는 영적인 중심을 '아나하타 차크라'라고 합니다. '아나하타'는 '내면'을 얘기하기도 하고 다른 한편으로는 '무사하다' 또는 '훼손되지 않다'를 의미하기도 합니다. 따라서 아나하타 차크라는 우리 마음 깊은 곳이 상처입지 않았다는 것을 뜻합니다.

이야기 속의 늙은 현자는 가난한 나무꾼에게 은, 금 혹은 다이아몬드를 주지 않았습니다. 그 대신 나무꾼에게 아주 큰 보물인, 내면에 있는 다이아몬드 찾는 길을 알려줍니다. 우리 모두는 빛나고 투명한 다이아몬드를 자신 안에 가지고 있습니다. 그렇다면 의문이 생깁니다. 우리가 그 내면의 다이아몬드를 어떻게 발견할까요? 어떻게 내면에 있는 것을 단지 믿는 것이 아니라 이해하고 생생하게 경험해서 우리 스스로 빛과 순수함을 발견할 수 있을까요?

비파사나 명상이라는 것이 있습니다. '비파사나'는 종종 '직관'이라고 해석됩니다. 이 수행은 '통찰력 명상'이라고도 하는데, '비파사나'가 의미하는 것이 '사물을 있는 그대로 보는 것'과 다르지 않기 때문입니다.

이 명상 방법에서 발전시킬 수 있는 통찰력은 무엇에 대해 숙고하거나 분석한다고 생기는 것이 아니라, 가장 조용하고 평화로운 상태에서 사물이나 자기 자신을 점점 더 명확하게 보기 시작하면서 생깁니다. 비파사나는 스트레스를 확실하게 감소시키는 오늘날의 마음챙김 명상의 토대가 되었습니다. 비파사나에서와 마찬가지로 마음챙김의 연습에서는 현재 있는 이곳과 지금이라는 시간을 더 깊이 이해하고 깨닫고, 지금 이 순간 외적으로나 내적으로 감지할 수 있는 열린 마음가짐이 중요합니다.

기본적으로 비파사나 명상은 매우 단순합니다. 눈을 감고 앉아서 지금 인지하는 것을 집중하여 알아차리는 것입니다. 떠오르는 생각과 감정을 받아들이지 말고 관찰하면 됩니다. 생각과 느낌을 판단하거나 평가하지 않고 바라보고 미소를 지으면 됩니다. 이 명상에 필요한 시간은 최소한 15분입니다. 특별히 복잡한 건 없습니다, 그렇지요?

비파사나 명상

비파사나 명상은 매우 단순하지만 그렇다고 그렇게 쉬운 것도 아닙니다. 생각이나 감정을 절제하는 것이 말처럼 쉽지 않다는데 어려움이 있습니다. 좀 더 자세하게 설명하겠습니다.

- 우선 반듯하고 편안한 자세로 앉고 등을 바로 세워야 합니다. 기대지 말고 '자신의 힘으로' 앉아있어야 합니다.
- 그 자세에서 가능한 한 긴장을 푸십시오. 눈은 지그시 감고 어깨에서 힘을 뺍니다. 이마, 눈 그리고 턱도 가능한 한 긴장을 풀어줍니다.
- 숨을 깊게 천천히 세 번 쉽니다. 당신의 몸에 다 도달하게끔 가능한 한 코로 숨을 쉽니다.
- 숨을 내쉴 때는 완전히 긴장을 풀면서 코로 내쉽니다. 숨이 원하는 대로 들락거리게 놔두십시오.

명상을 더 쉽게 하려고 처음에 모든 걸 한꺼번에 알아차리려고 해서는 안 됩니다. 순차적으로 여러 대상들에 주의를 기울이십시오.

1. 한참 동안 오로지 복부나 코에서 움직이고 있는 호흡을 관찰하십시오.
2. 그런 다음 잠깐 신체를 관찰하십시오. 몸의 근육들과 무게를 느껴보고 통증, 가려움, 온기 또는 평온함을 감지해 보십시오.
3. 이제 신체 관찰에서 벗어나 주변의 소리로 주의를 돌리십시오. 지금 들을 수 있는 소리를 듣되 말을 알아듣거나 평가를 하려 하지 말고

그냥 소리만 들으십시오.

4. 그런 다음 생각과 느낌에 주의를 기울이십시오. 무엇을 알았습니까? 과거 혹은 미래에 대해 생각하고 있는 것을 알 수 있습니까? 본인의 목소리가 평온한지 아니면 그렇지 않은지 알 수 있습니까?

5. 그러면 이제 수행을 할 겁니다. 주의력을 확장하십시오. 스스로에게 물어보십시오. "지금 뭐지?" 매 순간 무엇을 알아차릴 수 있었습니까? 많은 현상들이 있다는 걸 알아차렸을 겁니다. 기억, 가려움, 불안, 호흡, 혼잣말, 이웃집에서 나는 소리 등. 그 모든 것들이 왔다가 갑니다. 편하게 관찰해 보십시오. 점점 더 고요해집니다. 지금이라는 시간에 몰입해 있는 동안 정신이 완전히 맑아지고 깊은 평화를 느낀다면 그것을 즐기십시오. 그러나 만약 처음에 이런 현상들이 나타나지 않더라도 매우 일반적인 것이니 전혀 문제 될 건 없습니다.

산
(네팔)

옛날에 한 농부가 살았다. 그는 하루 종일 산에서 돌을 나르느라 시간을 다 보냈기 때문에 마을 사람들은 그를 바보로 여겼다. 그가 결혼하고 난 후에는 그의 아내도 산에서 돌을 날랐고, 아이들이 태어난 후 애들이 운반을 도울 수 있을 만큼 성장하자마자 돌 나르는 일을 도왔다. 그들이 무슨 생각을 하고 있는지 이웃들은 알지 못했다.

농부는 항상 친절했고 이성적인 것처럼 보였다. 아니, 어쩌면 그의 기이함이 전염되었나? 오랫동안 왜 매일 산에서 돌을 날라오는지 아무도 물어보지 않았다.

마침내 누군가 그 농부에게 물었을 때 답하기를, "산 뒤에 아름다운 골짜기가 있어요. 매일 산을 넘어가는 그 길이 제 염소들에게는 너무나 고된 길입니다. 그래서 산을 옮기는 겁니다."

그제서야 마을 사람들은 그가 정말 미친 사람이란 걸 알고 뒤에서 비웃었다.

마을을 지나가던 승려가 농부에 대한 얘기를 듣고 신기해했다. 승려는 농부를 찾아 물었다.

"여보시게, 자네의 끈기는 실로 대단하네. 그런데 자네같이 작은 사람이 산을 옮길 수 있을 거라는 생각을 어떻게 했나?"

그러자 농부가 웃으며 대답했다.

"네, 산은 당연히 거대하고 막강하죠. 그렇지만 바람, 물 그리고 기후가 계속해서 산을 갉아냅니다. 나무들의 뿌리와 얼음이 절벽을 뚫고, 강물이 돌 더미를 밀어냅니다. 그리고 산은 후손이 없습니다. 저는 물론 작지만 아들들이 있고, 제 아들들도 아들들을 낳을 것입니다. 그러면 결국에는 반드시 산을 정복할 겁니다."

애쓰지 않고 산 옮기기

산 하나를 옮기는 목표를 가지고 매일 돌을 나르는 것이 미친 짓일까요? 아마 그럴 겁니다. 그렇지만 목표를 이루는 것은 다른 한편으로는 인생에서 가장 만족스러운 일이라고 할 수 있습니다. 목표를 향해 정진하고 있는 동안은 하얀 늑대에게 저절로 먹이를 주는 것입니다. 왜냐하면 그 여정에서 스스로를 발전시키고 새로운 경험을 하며, 매 걸음마다 자신에 대해 더 잘 알아가기 때문입니다. 그렇지만 주의할 것이 있습니다. 정말로 당신에게 알맞은 그리고 당신의 가치와 일치하는 목표를 좇을 때만 실효성이 있다는 것입니다. 일단 이런 목표를 찾았다면 시작하십시오. 그리고 만약 다른 사람들이 당신이 하는 일이 터무니없고 에너지만 허비하는 것이라고 말한다면 그 말을 듣지 마십시오. 가치가 있는지 없는지는 오로지 자신만이 결정할 수 있기 때문입니다.

산을 움직이려는 것은 정말 어이없어 보입니다. 그러나 다른 한편으로 보면 기록경기 선수들도 기록을 깨기 위해서 미친 듯이 훈련을 합니다. 1000미터를 2분 조금 넘게 뛴다는 것이 정말 가당하기나 합니까? 물론 스쿠터를 타면 더 빠르고 편하게 결승점에 도달할 수 있을 겁니다. 혹은 4살짜리 어린아이가 손에 바이올린을 들고 무대에서 파가니니의 카프리체 몇 곡을 연주하기 위해서 10년 동안 매일 8시간을 연습하는 게 실제로 가치가 있는 일일까요? 내가 그건 말도 안 되는 일이라고 말한다면 당신도 같은 의견일 거라고 추측합니다. 그러나 올림픽 참가자나 바이올리니스트는 이 문제를 아주 다르게 생각할 겁니다.

위대한 목표는 하루 만에 이루어지지 않습니다. 산을 옮길 수 있다는 믿음이 있더라도 혼자만의 믿음만으로는 돌덩이를 조금 옮기는 것 밖에는 할 수 없을 겁니다. 믿음은 절실한 동기를 요구합니다. 그리고 절실한 동기는 이미 좋은 출발을 의미합니다. 그렇지만 정말로 성공하고자 한다면 지구력이 있어야 합니다. 재능은 매번 과대평가되고 반대로 지구력과 훈련은 번번이 과소평가됩니다.

미국의 심리학자 앤더스 에릭슨이 발표한 '일만 시간의 법칙'을 들은 적이 있습니까? 그 법칙은 우리가 기본적으로 알고 있는 것을 얘기합니다. 자신의 분야에서 전문가가 되기 위해서는 수년 동안 상당한 시간을 투자를 해야 한다는 것입니다. 에릭슨은 좀 더 정확하게 알고자 여러 프로 연주자들에게 질문을 했습니다. 거기서 한 가지 일을 잘하기 위해서, 그리고 그 일로 잘 되기 위해서 우리가 필요로 하는 시간이 일만 시간이라는 것을 밝혀냈습니다. 악기를 연주하든, 언어를 배우든 혹은 복잡한 수학적 방정식을 풀든지 간에 필요한 것은 시간, 끈기와 인내입니다.

끊임없이 떨어지는 물방울이 바위를 뚫습니다. 근면하게 그러나 애쓰지 말고. 왜냐하면 '애씀'은 당신을 지속하게 하지 못합니다. 그 단어에는 '수고'와 '고난'이라는 의미가 내포되어 있어서 무척이나 고되게 들립니다. 노력을 하는 동안에 식은땀과 등이 꼿꼿해지는 긴장감이 생기기도 하고 얼굴이 일그러지기도 합니다. 계획한 대로 이루기 위해서는 집중, 인내, 내적 확신이 훨씬 중요합니다. 당신이 산 하나를 치우려고 한다면 그것도 실효성이 있을 겁니다. 당신이 평생에 걸쳐서 혹은 당신의 후손이 이어서 할 것이기 때문입니다. 그렇지만 이야기 속의 농부는 하필이면 산을 잘 타기로 유명한 염소를 위해서 산을 옮긴다고 얘기했습니다. 그건 그가 약간 정상인은 아니라는 겁니다.

칼리프와 구두수선공
(페르시아)

바그다드의 칼리프 하룬 알-라시드는 변장하고 거리를 돌아다니며 시민들의 고충과 원하는 바를 듣는 것을 좋아했다. 하루는 거지차림을 했고, 다음 날에는 상인의 복장을, 그 다음날에는 대장장이처럼 옷을 입었다. 누구에게도 신분을 들키지 않았기 때문에 칼리프는 자신의 변장술을 자랑스러워했다.

그러다가 뭔가 특별한 것을 계획했다. 그는 믿을만한 현명하고 착한 새로운 조언자가 필요했다. 궁정에서는 그런 사람을 찾지 못했다. 그래서 변장하고 일주일 내내 도시를 돌아다녔고 사람들이 모여 있는 곳을 찾아가서 많은 사람들과 얘기를 나눴다. 그래도 조언자의 역할을 수행할 만큼 현명한 사람을 아직 찾지 못했다.

이레가 되는 날 저녁에 그는 한 구두수선공을 따라가서 말을 걸었다.

"당신이 하는 일로 벌이가 충분한가?" 순례자의 복장을 한 칼리프가 물었다.

"아, 네. 저는 구두수선공입니다. 최고급의 신발들은 수선이 필요하지요. 저는 매일 아침 일찍 나가서 일감이 떨어질 때까지 일합니다."

"그럼, 내일 일감이 없으면 무얼 할 건가?"

"아, 내일이오", 구두수선공이 웃었다. "내일이 오면 그때 무슨 일이 일어날지 봐야겠죠. 알라를 찬양하라!"

원래는 칼리프인 순례자는 그에게 감사를 표하고 싱긋이 미소를 지었다. 그는 가난했으나 합리적이고 건전한 사람이었다. 그런데 말을 쉽게 했다. 그래서 칼리프는 그를 시험하기로 했다.

다음날 아침, 칼리프가 구두수선을 금지한다는 공표가 도시 전역에 붙어 있었다. 구두수선공은 그렇게 놀란 것 같아 보이지 않았다.

"칼리프에게 특별한 생각이 있나 봐! 뭐, 그렇다면 나는 물이나 길어야겠다. 사람들은 물이 필요하고 신발보다는 더 절실하니까!"

저녁에 구두수선공은 다시 순례자 복장을 한 칼리프를 만났다.

"여보게, 내가 당신을 걱정했네, 칼리프가 구두수선을 금지하지 않았던가?"

"아, 네. 그래서 저는 물을 날라 주고 빵을 벌었습니다."

"그럼, 내일 일감이 없으면 무얼 할 건가?"

"아, 내일이오", 구두수선공이 웃었다. "내일이 오면 그때 무슨 일이 일어날지 봐야겠죠. 알라를 찬양하라!"

다음날 아침, 예전에 구두수선공이었고 지금은 물을 배달하는 그는 칼리프의 특별한 허가가 있어야만 물 배달이 가능하다는 것을 알았다.

"칼리프에게 특별한 생각이 있나 봐! 뭐, 그렇다면 나는 나무를 팔아야겠네. 노약자들이 요리를 하려면 나무가 필요한데 나무를 베고 쌓기에는 너무 약하니까. 그럼 일이나 찾아볼까."

저녁에 그는 다시 칼리프를 만났다.

"여보게, 내가 당신을 걱정했네, 칼리프가 물 배달을 금지하지 않았던가?"

"아, 네. 그래서 저는 나무를 베어다 주고 빵을 벌었습니다."

"그럼, 내일 일감이 없으면 무얼 할 건가?"

"아, 내일이오", 구두수선공이 웃었다. "내일이 오면 그때 무슨 일이 일어날지 봐야겠죠. 알라를 찬양하라!"

다음날 아침, 예전에 구두수선공이었고 물을 배달했던 그러나 지금은 나무꾼이 된 그 남자는 조금 이른 시간에 나갔다. 그러나 그리 멀지 않은 곳에서 보초 대장이 그를 불러 세웠다.

"이봐, 누구든 무기를 가진 사람은 궁정 보초로 일주일에 한 번 일을 해야 한다는 걸 모르나?"

그래서 구두수선공은 도끼를 주고 칼 한 자루를 받았다.

"오늘 저녁, 정확히 일몰에 우리의 칼리프인 하룬 알-라시드님의 궁정 대문으로 오거라."

그렇게 구두수선공은 칼 한 자루를 들고 서 있었다. 어떻게 밥벌이를 해야만 할까? 그는 잠깐 생각을 한 뒤에 대장장이에게 가서 칼을 담보로 맡기고 식사를 하기 위해 동전 몇 냥을 받았다. 그러고 나서 칼집에 딱 맞게 나무를 깎아 칼을 만들었다.

일몰에 궁정 대문에 도착했을 때 보초 대장이 그를 맞이했다.

"제시간에 왔군. 죄수 한 명이 참형을 당해야 하는데 이 임무는 항상 신병이 수행하네."

구두수선공은 얼굴이 창백해졌다. 그는 사람을 죽이고 싶지 않았다. 잠깐 생각한 뒤 바닥에 털썩 주저앉아 소리 질렀다.

"오, 알라신이시여, 만약에 이 자가 죽을 짓을 했다면 제 칼을 날카로운 강철로 만들어 주십시오. 그러나 만약 그가 죽을 짓을 하지 않았다면 제 칼을 나무로 만들어 주십시오!"

그리고 그는 나무로 된 칼을 빼어 들었고 그곳에 있던 모든 사람들이 놀라움을 금치 못했다. 그러나 마침내 자신의 새로운 조언자를 발견한 현명한 칼리프는 놀라지 않았다.

믿음, 유연함, 선함 - 검은 늑대를 막는 3가지 방어수단

구두수선공에 대한 이야기를 처음으로 읽었을 때, 나는 알라가 아니라 갑자기 예수 그리스도를 생각해야 했습니다. 마태복음 6장 28절과 이어지는 절에 유명한 구절이 있습니다. 그 구절은 그리스도교를 별로 좋아하지 않는 사람들도 격려합니다. 그래서 여기서 다시 인용하는 것이 도움이 될 수 있을 겁니다.

또 너희가 어찌 의복을 위하여 염려하느냐? 들의 백합이 어떻게 자라는가 보라: 수고도 아니하고 옷감을 짜지도 않는다. 그러나 내가 너희에게 말하노니 솔로몬이 모든 영광을 누렸으나 이 꽃만큼 아름다운 옷을 입어 보지 못하였다. 믿음이 적은 자들이여, 하나님께서는 오늘 있다가 내일 아궁이에 던져지는 들풀도 입혀주시는데 하물며 너희야 더 잘 입혀 주시지 않겠는가? 그러므로 너희는 염려하지 말아라: 무엇을 먹을까? 무엇을 마실까? 무엇을 입을까? 하늘에 계신 너희 아버지께서는 이 모든 것이 너희에게 있어야 할 것임을 다 알고 계신다. … 그러므로 내일 일을

걱정하지 말아라. 내일 일은 내일 걱정할 것이다.

이야기 속의 구두수선공이 읽었을 수도 있다고 의심할 수 있겠지만, 그는 성경을 전혀 알지 못했을 것입니다. 그럼에도 그는 성경에 있는 내용처럼 인생을 살았습니다. 다음 날 혹은 수입에 대해 조금도 걱정하지 않았습니다. 그에게 있는 검은 늑대는 한 줌의 먹이도 못 먹었기 때문에 가죽과 뼈만 남아있었을 겁니다.

부정의 힘을 방어했던 구두수선공에게는 3가지 특징이 있습니다.

1. 믿음: 구두수선공은 미래를 걱정하지 않았습니다. 그는 지도자를 믿었고 뭔가 잘 될 것이라는 믿음이 있었습니다. 걱정이 없는 사람은 두려움도 고뇌도 없이 평안하게 살아갑니다.
2. 유연함: "수선할 신발이 없다면 물을 길면 되지. 내가 더 이상 물장수를 할 수 없다면 나무를 베면 되지." 구두수선공은 묘안이 많았습니다. 그는 강물처럼 행동했습니다. 장애물이 나타나자마자 그냥 잔잔하게 그 옆을 흘러 지나갔기 때문에 무사했습니다. 존재에 대항하는 내면의 방해물을 만들지 않았기 때문에 유연하고 적응 능력이 있게 된 것입니다. 그는 만족해 하고 원칙대로 살았습니다. "그것 또한 잘 된 거야." 이런 겸허함은 어려운 상황에서 창의적으로 자유롭게 우회할 수 있는 전제가 됩니다.
3. 선함: 이야기의 마지막에 구두수선공은 죄수를 죽이지 않으려고 묘수를 썼습니다. 나무 칼로 한 속임수는 대단했습니다. 우리는 제때에 항상 딱 맞는 아이디어를 짜내지 않아도 됩니다. 하지만 너무 걱

정하지 마십시오. 우리에게는 나무로 된 칼이 없어도 검은 늑대가 살찌우고 힘세지는 것을 효과적으로 막아내는 선함이란 것이 있습니다.

천국과 지옥
(일본)

법보다 위에 있었던 사무라이는 누구에게도 사과를 하지 않았다. 사무라이 노부시게는 갑자기 화내는 것으로 유명했다. 조금이라도 흘겨보는 눈빛을 하거나 몇 마디의 거친 말투 혹은 존경심이 결여된 행동을 한 자를 죽음으로 처단했고 어느 누구도 그에게 저항할 수가 없었다.

그렇지만 그가 스스로 의심하기 시작했다. 자신이 한 일이 정말로 올바른 일인가? 훗날 천국에 갔을 때 용감한 영웅으로 평가될까? 아니면 천국에서 쫓겨나 지옥으로 떨어질까? 그는 오랫동안 이 생각을 가슴에 담아뒀다.

어느 날 지혜로운 스승 하쿠인에게 가서 물었다.

"천국과 지옥이 있습니까?"

스승이 그를 지긋이 쳐다보고는 웃었다.

사무라이는 살짝 짜증이 났고 한 번 더 몸을 숙이고는 칼을 발치에 뒀다.

"저에게 답을 주십시오. 천국과 지옥이 정말로 있습니까? 아니면 그저 아이들의 동화입니까?"

스승은 너무 웃어서 눈물이 다 났다.

사무라이는 스승에게 화가 났다. 그의 눈에서 불꽃이 튀었다.

그래도 스승은 여전히 웃으면서 큰 소리로 말했다.

"너는 돌대가리 바보에 불쌍한 멍청이구나. 우스꽝스러운 질문으로 나를 곤경에 빠뜨리려고 그런 질문을 한 것이냐?"

사무라이는 흥분을 자제하려고 노력했다. 다른 사람이었다면 이미 죽여 마땅했다.

그렇지만 스승은 계속 욕을 하면서 비웃었다.

"천국과 지옥, 이런 멍청이! 너의 조상들은 가장 낮은 신분의 사람들로 아첨을 했고, 너를 천한 부랑아로 여겨 쫓아버렸다. 이 멍청한 건달놈아!"

사무라이는 더 이상 참을 수 없었고 재빠르게 칼집에서 칼을 꺼내 들었다. 스승이 같은 속도로 재빠르게 손가락을 위로 치켜들지 않았다면 그리고 그것을 사무라이가 못 봤다면, 그는 스승의 머리를 갈랐을 것이다. 사무라이가 칼로 내리치려는 것을 멈추자 스승이 말했다.

"이것이 지옥으로 가는 문이다."

잠깐 동안 사무라이는 혼란스러웠다. 그러나 곧 깨달음을 얻었고 스승의 가르침이 무엇인지 알았다. 그는 스승의 발치에 엎드려 대단한 통찰력에 고마워했다.

스승이 다시 손가락을 높이 치켜들며 말했다.

"이것이 천국으로 가는 문이다."

마음속 천국

칼을 다시 집어넣은 것은 사무라이의 올바른 결정이었습니다. 이렇게 해서 사무라이는 지옥에서 - 분노, 증오, 오만 - 탈출했고, 스승의 목숨과 사무라이 자신도 구했습니다.

만약 당신이 마음속에 있는 천국을 - 공감, 내면의 평화, 기쁨 - 택하기로 결정한다면, 한편으로는 자신에게 행복한 삶을 선물하는 것이고 다른 한편으로는 자신의 건강을 지키는 것입니다. 늙어서 건강한 삶을 살고자 한다면 자전거를 자주 타는 것보다, 슈니첼 먹는 횟수를 줄이는 것보다 또는 맥주를 덜 마시는 것보다 조화로운 마음가짐이 더 중요합니다(위의 모든 것들 역시 당연히 권고되는 내용입니다).

장수의 비결을 찾기 위해 음식, 스포츠 활동 및 평온함과 같은 다양한 건강 요인들을 많은 연구자들이 관찰했습니다. 조깅을 하는 사람이나 선식을 하는 사람이 특히 오래 사는 것이 아니라 밝고 평온한 사람들이 지속적으로 스트레스 없이 장수한다는 것을 발견했습니다. 연구에서 긍정적으로 인생을 살아가는 것이 얼마나 큰 효과가 있는지 밝혀졌습니다.

긴장완화, 명상 그리고 긍정적 사고와 감정을 통해

- 스트레스 호르몬의 배출이 감소하는 반면 도파민과 같은 행복호르몬의 배출이 증가합니다.
- 면역체계가 효과적으로 작동하고 탄력성이 좋아집니다. 다르게 표현하면 스트레스가 있어도 가볍게 느낍니다.

- 신체의 자가치유능력이 강해집니다.
- 신체 세포의 전달 체계에 영향을 미치고 염색체가 보호됩니다.

그러면 조화로운 마음가짐을 장기간 유지하려면 구체적으로 어떻게 실행해야 하는지 궁금할 것입니다. 그동안 우리가 알고 있던 것처럼 긍정적 사고가 기본이 됩니다. 긴장을 푸는 방법과 명상을 병행하면 당연히 확실하게 오래 지속됩니다. 지속시킬 때 도움이 되는 것은 자신의 감정을 조심스럽게 다루는 것 밖에 없습니다.

위의 이야기에 이렇게 쓰여 있었습니다: "사무라이 노부시게는 갑자기 화내는 것으로 유명했다. 조금이라도 흘겨보는 눈빛을 하거나 몇 마디의 거친 말투 혹은 존경심이 결여된 행동을 한 자에게 죽음으로 처단했고…"

여기서는 누군가가 자기를 모욕했다는 또는 내 차를 추월했다는 이유로 사람을 죽이지 않는다는 것을 전제로 하겠습니다. 그런데도 매일 사무라이에게 일어난 일과 뭔가 아주 비슷한 일들이 일어납니다. 우리는 외부의 '공격'에 대해 때로는 자동적으로 매우 감정적으로 반응합니다. 여기서 주의해야 합니다. 즉 그런 감정은 전혀 문제가 되지 않는다는 겁니다! 검은 늑대들을 쫓아버리기 위해서 항상 좋은 기분을 유지할 필요는 없습니다. 분노, 화, 슬픔이나 두려움과 같은 감정을 억누르는 것이 좋은 방법은 아닙니다. 당신 안에 있는 하얀 늑대에게 먹이를 주기 위해서는 오히려 그 반대입니다.

감정은 아무 문제가 없습니다

당신이 감정을 가지는 동안 아직 살아있음을 확신할 수 있습니다. 감정들은 좋은 것입니다. '나쁜' 감정들도 좋습니다. '나쁜' 감정 같은 게 있긴 있을까요? 당연히 편한 감정 상태와 불편한 감정 상태가 있지만, 그렇다고 해서 우리가 그걸 오랫동안 '선'과 '악'으로 나눠서는 안 됩니다. 안 좋은 것은 오히려 특정한 감정을 유발하는 반응들입니다.

마음챙김에서 미국의 명상 지도자 조셉 골드스타인의 발언이 유명합니다. "사람은 파도를 멈추게 할 수는 없으나 파도타기를 배울 수는 있다"라고 시종일관 말합니다. 그렇다면 격앙된 감정으로 파도를 탈 수 있을까요? 우리에게 생기고 머무르고 떠나가는 감정을 억제하거나 거부하거나 비난하지 않고, 오로지 조심스럽게 다룰 때에야 가능합니다.

소설 쓰지 않기

우리의 감정은 뇌 화학과 대뇌변연계와 밀접한 관련이 있습니다. 감정은 발생학적으로 자동운동에 순응하고 있습니다. 우리는 감정에 직접적으로 영향을 미치지는 않으나 감정의 반응에는 영향을 줍니다. 스트레스는 자제력을 잃게 하고, 흥분하게 하고, 절망하거나 혹은 현실을 외면하게 합니다. 감정은 더도 덜도 아닌 그냥 단순히 감정일 뿐입니다. 감정에 대한 반응으로 소리를 지를지, 난폭해질지, 잠수를 탈지 아니면 보드카 한 병을 딸지는 당신 혼자 결정하는 겁니다. 그 순간에 온전히 순수한 감정에만 머무르는 게 아니라 '소설을 쓴다면' 당신 안에 있는 검은 늑대에게 먹이를 주는 겁니다. 좀 더 명확히 하기 위해서 몇 가지 일상을 예를 들어 보겠습니다.

- 영화를 같이 보기로 한 친구가 약속을 취소해서 당신은 슬픕니다.

조심스럽게 감정에 머무르는 것은 그때 슬펐다는 걸 당신이 알고 있다는 겁니다. 그 감정을 있는 그대로 받아들이고 당신의 몸에 - 호흡에, 자세에, 복부에 - 어떻게 영향을 미치는지 관찰하십시오.

반면, 소설을 쓰는 것은 너무 갑작스럽게 취소를 한 것이 무례하다고 생각하는 것을 의미합니다. "당연한 게 아냐. 두통 때문이라는 건 분명히 변명이야. 아마 전 남자친구한테 연락이 와서 그 애는 지금 전 남자친구하고 저녁을 같이 보내려고 할 거야. 예전에도 그랬기 때문에 믿을 수가 없어." 기타 등등. 생각이 꼬리에 꼬리를 뭅니다.

- 당신은 내일 발표가 있습니다. 긴장되고 걱정됩니다.

조심스럽게 감정에 머무르는 것은 걱정이 당신 안에 있다는 것을 인식하는 것입니다. 그 감정을 있는 그대로 받아들이고 걱정이 당신의 몸에 - 호흡에, 자세에, 복부에 - 어떻게 영향을 미치는지 관찰하십시오. 걱정이 파도를 타는지, 언제 왔다가 언제 가는지 인지하십시오.

반면, 소설을 쓴다는 것은 걱정하기 시작한다는 것을 의미합니다. "또 준비를 잘 못했어. 동료들이 무슨 생각을 할까? 회사에서 해고되지는 않을까? 음, 누가 다음 타자일지 이미 난 알고 있어. 내가 그 패자야. 어머니 말씀이 맞아. 결국 내가 사회복지혜택이라도 받는다면 감사해야만 한다는 그 말씀. 그런데 그러면 난 작은 집으로 이사해야 하잖아."

기타 등등. 당신은 단순하게 걱정을 인지하는 대신에 생각 속 이야기 안으로 숨어버립니다.

매일 자신의 감정을 주의 깊게 들여다볼 수 있는 기회는 아주 많습니다. 그때 다음 4단계를 실행할 수 있습니다.

1. 감정 인지하기: 두려움, 분노, 슬픔, 실망, 기쁨 또는 감동 등이 나타날 때 그 감정을 느끼십시오. 감정에 이름을 붙여 마음속으로 말하십시오. "이건 두려움이야" 혹은 "이건 부끄러움이야"라고.
2. 감정 받아들이기: 감정을 그냥 받아들이십시오. "두려움이 생겨도 괜찮아", "슬픈 건 정말 당연한 거야", "누구나 언젠가 화를 내" 등등.
3. 감정이 내 몸에 끼치는 영향 관찰하기: 화가 났는지, 긴장했는지 혹은 지쳤는지 어떻게 알아챕니까? 호흡, 근육, 자세는 어떻게 바뀝니까? 그런 것들을 평가하지 말고 그냥 새롭게 보십시오.
4. 제때에 감정 풀어주기: 감정에 너무 깊이 빠져들지 마십시오. 감정은 파도처럼 왔다가 다시 간다는 것을 인지하십시오. 어느 시점에서 감정이 완전히 풀리는지 정확히 관찰하십시오.

미남 왕 씨와 추남 왕 씨
(중국)

옛날에 두 형제가 구이린에 살았다. 그중 동생은 따뜻한 마음의 소유자이고 친절했으나 원숭이 얼굴처럼 너무 못생겨서 사람들이 '추남 왕씨'라고 불렀다. 형은 그와는 다르게 건방지고 음흉했으나 말솜씨가 좋았고 외모도 준수해서 사람들이 '미남 왕 씨'라고 불렀다.

어느 날 미남 왕씨가 동생을 골탕 먹이기로 했다. 그가 동생을 동굴 깊은 곳으로 유인하고는 말했다.

"추남아, 넌 여기서 기다려. 내가 초를 가져올게."

그렇게 동생을 남겨두고 떠났다. 추남은 형이 컴컴한 동굴에 남겨놓고 간 겨우 반만 남은 초를 들고 앉아있었다. 그러나 형은 오지 않았고 초는 끝까지 타서 꺼져버렸다. 그 순간 동굴의 한쪽 벽이 투명해 보였다. 멋진 정원 한가운데 있는 수정으로 된 궁전을 보고 추남은 놀라움을 금치 못했다.

그때 산의 여신이며 성스러운 물의 수호자 산센이 둥실 날아서 그에게 왔다.

"이리 오렴!"

추남은 바닥에 무릎을 꿇고 엎드렸다.

"여신님, 용서해주세요. 저는 갈 수가 없습니다. 형을 기다려야 합니다!"

여신이 동정하면서 머리를 저었다.

"그냥 오거라. 와서 보물을 하나 가져가렴."

"아닙니다, 산센님. 제 형을 곤경에 빠뜨리면 안 됩니다!"

"이 멍청이야!", 여신이 말했다. "그럼 호수에서 목욕을 하거라, 그러면 네 형이 해를 입지 않을 것이다."

추남은 잠깐 동안 고민을 했다. 호수는 여기서 몇 걸음 안 떨어져 있으니 그 정도는 움직여도 될 것 같았다. 그가 물속에 들어가자 더러운 것이 다 사라지고, 온몸에 황금빛이 스며드는 걸 느꼈다. 사마귀와 상처들이 모두 사라졌기 때문에 물에 비친 자신의 얼굴을 봐도 싫증이 나지 않았다. 너무나 잘 생긴 청년, 형인 미남 왕 씨보다도 이제는 더 잘생긴 추남 왕 씨가 물 밖의 여신을 쳐다봤다.

"네가 보는 것이 너의 착한 마음의 모습이다."

산센은 추남에게 한 번 더 자비롭게 웃어 주고는 둥실 떠났다. 추남은 다시 바닥에 엎드려 멀리 사라지는 여신에게 감사했다.

그는 형이 아직도 돌아오지 않자, 자신이 있는 곳을 둘러보기로 했다. 그동안 어둠에 익숙해져 초가 없어도 볼 수 있었기 때문에 나가는 길을 찾았다. 그리고 집에 도착했을 때 아무도 그를 알아보지 못했다. 추남은 자신이 얼마나 멋진 모습으로 변했는지 잊고 있었기 때문에, 모두가 감탄하며 그에게 친절한 미소를 짓자 어리둥절했다. 단지 형만 잔뜩 화가 난 채로 그를 쳐다보고 있었다. 왜냐하면 미남 왕 씨는 다른 사람이 자신보다 잘생긴 걸 참을 수 없었기 때문이었다.

추남 왕 씨가 자신이라는 걸 밝혔을 때, 사람들은 놀라서 어떻게 그런 일이 생겼는지 알고 싶어 했다. 그렇지만 그 이후로 '빛나는 왕 씨'

라고 불리게 된 추남은 그냥 자신도 잘 모르겠다고 말했다. 그건 사실이었다. 여신의 호수에서 했던 목욕이 구부정한 모습, 사마귀와 상처들을 어떻게 낫게 할 수 있었는지 알지 못했다.

"오겠다고 약속했으면서 왜 오지 않았어?".

형은 변명을 잔뜩 늘어놓으면서 말했다.

"내가 온다고 했지, 언제 온다고 말하지는 않았잖아."

그래도 빛나는 왕 씨는 형을 용서했다. 형은 동생의 변신을 축하해줬으나 사실은 동생이 부당하게 행운을 거머쥐는데 자신의 행동이 도움이 됐다는 것에 분노가 끓어올랐다. 그는 동생이 겪은 것을 다 얘기해달라고 졸랐고 동생은 기꺼이 얘기했다.

바로 다음날 미남 왕 씨는 동굴로 가서 동생이 있던 자리를 찾았다. 초가 다 타서 꺼지길 초조하게 기다렸다.

그리고 실제로 동굴 벽이 투명해 보였고 산의 여신이자 성스러운 물의 수호자 산센이 둥실 날아서 그에게 왔다.

그는 여신 앞에서 세 번 절을 하고 간청했다.

"산센님, 제 동생에게 베푸셨던 은총을 제게도 베풀어 주십시오!"

"물론이지", 여신이 말했다. "호수에서 목욕을 하거라."

미남 왕 씨는 속으로 생각했다. '간단하네! 이제 내가 더 멋있어지겠지. 그리고 아마 나는 여신에게 선물을 하나 더 뜯어낼 수 있을 거야.'

그는 물속에 들어갔다 나왔고 얼굴을 물에 비춰 보았다. 그런데 무서울 정도로 흉측한 얼굴이 핏발 선 눈으로 쳐다보고 있었다. 그는 무릎을 꿇고 여신에게 간청했다.

"산센님, 어찌하여 제게 약속했던 것을 주시지 않으십니까?"

"이 멍청이야! 너는 네 동생과 똑같은 것을 받았다. 너의 얼굴이 곧

네 마음의 모습이다."

아름다움과 선함

아름다움, 그 자체는 나쁜 것이 아닙니다. 아름다운 사람들이 더 관심을 받고 파트너를 빨리 찾곤 합니다. 그들이 더 행복한 건 물론 아닙니다. 자신의 상사나 파트너가 단지 외모만 보고 그 사람을 선택했다면, 그것은 많은 기대를 하지 않는다는 것이기 때문에 행복한 미래를 위한 좋은 초석이 되지는 않습니다.

진정한 아름다움은 아시다시피 내면에서 나옵니다. 레바논의 시인 칼릴 지브란이 "아름다움은 외모에 있는 것이 아니다. 아름다움은 마음의 빛이다"라고 썼을 때 그 역시 확신했습니다. 중국의 이야기가 마음의 아름다움이 중요하다고 전하는 건 명백합니다.

아름다운 것과 선한 것은 좋은 것입니다. 단지 외모만 아름답고 내면에 돼지가 있는 것은 결코 좋은 게 아닙니다. 추남 왕 씨의 이야기는 선함의 열매를 다룬 것입니다. 이 이야기는 또 다른 메시지도 있습니다. 야비하고 불만족한 사람들을 자세히 들여다보면, 우리는 그들이 아비하고 불만족한 사람들이라는 것을 알게 된다는 겁니다. 왜냐하면 인간은 자신이 증오심을 품고 있는 그 순간이 가장 추하기 때문입니다. 분노로 생긴 미간의 주름과 고뇌로 생긴 이마의 주름은 예뻐 보이지 않습니다. 톱 모델들도 부정적인 감정들에 지배당할 때는 못생긴 얼굴을 할 수 있습니다.

가끔 딸이 TV에서 「독일의 차세대 톱 모델」이란 오락 프로그램을 볼 때, 나도 옆에 앉아서 재미있게 봅니다. 다행히도 딸이 그 소녀들을 부러워하지 않습니다. 아름다움은 보는 사람의 눈에 달려있다는 사실을 차치하더라도 몇몇의 잠재적 톱 모델들이 오히려 나를 괴롭게 했습니다. 방송 프로그램의 매력은 무엇보다도 젊은 숙녀들이 얼마나 미성숙하고 유치하게 행동하는지를 볼 수 있다는 것입니다. 방송시간의 반 이상이 비웃음, 냉대, 모략, 질투와 이른바 독일에서 가장 예쁘다고 하는 자신의 외모에 대한 끝없는 불만으로 지나갑니다.

대부분의 동화에는 착한 사람은 예쁘게, 나쁜 사람은 추하게 묘사됩니다. 실제도 똑같을 수 있겠지만 그렇다고 전적으로 그런 것만은 아닙니다. 마음의 아름다움은 탄탄한 허벅지나 낮은 들창코의 모습으로 나타나지 않습니다. 그것은 볼 수 없습니다. 내면의 아름다움은 눈에 띄지 않는 특징으로만 알아볼 수 있습니다. 눈의 광채, 밝게 미소 짓는 얼굴, 타인과의 관계 속에서 나타나는 친절한 말투, 관심을 보이는 진심 어린 태도. 이 모든 것을 발견하는 사람은 '사람을 볼 줄 아는 눈'을 가진 사람이고 겉모습만 대충 보는 것보다는 더 깊이 봅니다. 심리학적 조사에서 참여자의 대다수가 마네킹 미모를 가진 사람보다는 자연스러움과 순수함을 가진 사람에게 더 호감이 가고 더 아름답다고 생각한다고 답했습니다. 처음 볼 때는 존재보다는 외모가 더 중요할 수 있지만 계속 보다 보면 그렇지 않다는 것입니다.

비록 지나치게 못생긴 사람일지라도 내면의 에너지가 조화를 이룰 때 특별한 매력을 발산할 수 있습니다. 이것에 관한 도가사상의 이야기가 하나 있습니다.

아이 폰 룽 제후가 현자 주앙찌를 만나서 말했다.
"위나라에 '아이 타이 토'라는 너무나 못생긴 곱사등이가 살고 있습니다. 그런데 그와 함께 있는 사람들 모두가 그를 찬미하고 그에게서 떠나려고 하지를 않습니다. 그를 아는 젊은 아가씨들은 그와 결혼하게 해달라고 부모에게 간청한다고 합니다. 다른 남자의 아내가 되느니 이 남자의 첩이라도 되고 싶다고 한답니다. 그래서 이 곱사등이는 아내가 이미 열두 명이 넘습니다.

아이 타오 토는 왕도 아니고 대단한 권력을 갖고 있지도 않습니다. 특별하게 잘난 것도 없고 가난합니다. 게다가 끔찍하게 못생겼고 특별한 지식도 없습니다. 그런데도 그 주위에 남녀가 모이고 그 사람들과 너무나 평화롭게 살고 있습니다.

그래서 저는 그의 비밀이 궁금해서 내게로 오게 했습니다. 그를 봤을 때, 끔찍한 외모에 나 또한 놀랐습니다. 대략 한 달 정도 우리 집에 기거했을 때, 그가 아주 인간적으로 보였습니다. 일 년이 채 안 됐을 때, 저는 그를 완전히 믿게 됐습니다. 때마침 사무장 자리가 비어있어 국정 운영을 제안했지요. 그가 머뭇거리면서 거절하고 싶다고 했습니다. 얼마 뒤 그는 저를 떠나 신으로 들어갔습니다. 마치 좋아하는 친구가 떠난 것처럼, 그와 함께 기쁨을 나눌 수 없다는 것이 슬펐습니다. 이런 사람은 어떤 사람입니까?"

주앙찌가 대답했다.

"사람들이 그를 좋아한 건 외모가 아니라, 그들의 육체를 활력 있게 해준 것을 좋아한 겁니다. 그래서 그는 말하지 않아도 믿음이 가고 뭔가를 하지 않아도 사랑받는 겁니다. 그는 제후께 제국의 일을 준 겁니다. 이것은 그의 에너지가 충만하고 영혼이 자유롭다는 걸 얘기합니다. 생과 사, 칭찬과 비난, 열기와 한기 등, 이것들은 운명의 섭리에 맞춰 순환하면서 계속 바뀝니다. 그러므로 그는 이런 것들이 내면의 조화를 흐트러뜨리고 영혼에 침범하는 것을 막아낸 것입니다. 당신도 내적으로 조화를 이루고 명랑한 걸 좋아해서 항상 삶의 에너지가 조화를 이룰 것이고 하늘이 내린 아름다움이 빛을 발할 것입니다."

외모에 대한 걱정으로 자신에 대해 얼마나 많은 의심과 콤플렉스를 키웁니까! 영화 스크린과 다이어트 요구르트의 광고판에 있는 결점 없는 사람들은 중요한 것에 대한 시각을 흐리게 합니다. 우리는 머리카락이나 복부 모습이 아니라 영혼의 조화로움에 훨씬 더 신경 써야 합니다. 데모크리토스는 "정신에 혼을 불어넣지 않는다면 육체의 아름다움은 동물적인 것이다"라고 말했습니다. 생동감, 정신과 선한 마음의 조화가 그 어떤 안티에이징 크림이나 보톡스보다 우리를 더 아름답게 만듭니다.

걱정 많은 순례자
(아르메니아)

한 순례자가 사막을 건너고 있었다. 오랫동안 너무 힘든 순례 여행이었고 배고프고 목말랐으나, 이제 목적지인 도시의 지평선이 보였다. 그곳에는 위대한 성인이 묻혀 있고 그의 영광을 기리기 위해서 순례 여행을 감행했다. 그렇지만 순례자가 세상을 돌아다니는 데는 돈이 필요했다. 다행히 그는 돈이 충분했다. 그렇다, 보통이 하나가 돈으로 꽉 차 있었다.

처음에 그는 생각했다.

'일단 소박한 식당에 들러서 식사를 하되 과하지 않게 해야겠다. 수프는 조금만 먹고 포도주는 물을 섞어 약간 연하게 한 잔 마시면 충분할 거야.'

얼마 동안 계속 걷고 난 뒤에 생각했다.

'도시가 사막 주변에 있으니 분명히 물가가 조금 비쌀 거야.' 그는 싱긋 웃었다. 돈을 충분히 가지고 있어서 든든했다.

조금 더 걷다가 새로운 생각이 떠올랐다.

'실제로 지저분한 식당 주인이 물 한잔 값으로 금화 한 닢을 요구할 수도 있을 텐데. 그러면 어떻게 해야 할까? 그래도 마셔야 해. 그런데 금화 두 닢이나 세 닢을 요구한다면, 그래도 줘야겠지.'

이제 성문까지 거의 다 왔고 식당의 간판이 보였다. 그의 생각은 점점 더 커져갔다.

'만약에 치근덕거리는 주인이 음식과 물값으로 모든 금을 원한다면! 인간은 매우 탐욕스럽지. 그리고 만약에 빈털터리가 된다면 살기 위해서 품이라도 팔아야겠지.'

그는 갑자기 화가 났다. 벌겋게 달아오른 얼굴로 식당 앞에 서 있는 주인에게로 가서 손가락을 치켜들고 소리를 질렀다.

"당신들은 부끄럽지도 않소? 물 한 잔에 금 한 보따리? 그러면 당신들은 지옥에서 고통받을 것이오!"

먹이를 주지 마시오!

불쌍한 순례자. 사실 그는 그냥 뭘 좀 먹고 마시려고 했는데, 그를 들여다보니 거의 신경쇠약에 걸려 있었습니다. 솔직히 이 이야기가 낯설지는 않지요?

우리 감정들은 관점의 결과입니다. 근심 걱정을 우리가 직접 만들기는 하지만, 거기서 보통 아무것도 얻지 못한다는 것이 웃기기도 하고 슬프기도 합니다. 순례자 이야기는 마음속에 있는 검은 늑대에게 지속적으로 먹이를 주지 말라고 당부하는 것입니다.

우리가 '엄청나게 중요한 것'이라고 생각하고 노심초사하는 것들은 대부분 정말 쓸데없는 것입니다.

항상 가치를 내리고, 평가하고, 편견을 갖고, 묻지도 않은 말에 생각을 드러내는 모든 행동 뒤에 숨어있는 부정적인 것이 바로 '내면의 비평가'입니다. 생각으로 모든 것과 모두에게 발산하는 비평들은 감정에 강한 영향을 끼칩니다.

TV에서 중계하는 흥미진진한 축구방송의 소리를 한번 꺼 본 적이 있습니까? 숨 쉴 틈 없는 스포츠 해설가의 갑자기 지르는 소리와 흥분한 상태에서 끊어지지 않는 수다가 갑작스레 사라집니다. 그러면 단번에 분위기가 바뀝니다. 축구 경기를 계속 보더라도 해설자로 인해 흥분되었던 감정은 이미 사라져 버립니다. 축구 경기를 좋아하지 않는다면 범죄 드라마나 토크쇼에서 한번 소리를 끄고 그 대신에 음악을 켜 보십시오. 그 다음에 전체 분위기가 어떻게 변화되는지 관찰해 보십시오. 어쩌면 축구 경기는 덜 할 수 있습니다. 범죄 드라마 속 배우의 찡그린 얼굴이 뭔가 허무맹랑해 보이고, 토크쇼 사람들의 부자연스러운 행동들은 웃긴 코미디로 보이게 됩니다.

프랑스의 약사이자 자기암시요법의 창시자 에밀 꾸에는 자기암시로 우리의 삶을 바꿀 수 있다고 확신했습니다. 점점 나아지고 있고 모든 것이 잘 될 것이라고 규칙적으로 계속 반복해서 생각한다면 그렇게 된다는 겁니다. 이것이 맞는지 안 맞는지 누구도 확신해서 말할 수는 없습니다. 하지만 반대는 어떤 경우에든 맞습니다. 당신이 계속해서 부정적인 생각에 사로잡혀 있다면 그리고 자신을 의심하거나 타인들에게 나쁜 것만 기대한다면, 그러면 당신은 검은 늑대에게 농축된 사료를 주는 겁니다. 결국 치유될 수 없는 환상의 긴 고리가 모든 것을 망치고 난 뒤에 검은 늑대는 떠날 것입니다.

골머리를 앓고 두려움에 사로잡혀 있고, 밤새도록 근심하고 자신에 대한 의구심을 지속적으로 키우고, 질투와 시기에 빠지고 해결될 수 없는 문제들을 붙잡고 있는 동안에 우리의 정신은 좀먹고 있습니다. 마르쿠스 아우렐리우스는 "인생의 행복은 정신의 상태에 달려있다"라고 했습니다.

당신이 계속 근심 걱정하는 습관을 들인다면, 한 번도 일어나지 않은 안 좋은 일들이 많이 생길 겁니다. 소위 말하는 '다가올 불행'은 도처에서 당신을 따라다니고 치명적인 위험이 될 것입니다.

괴테의 「파우스트」에 이렇게 나와 있습니다.

근심이 가슴 깊은 곳에 둥지를 틀고 있다.
그곳에서 근심은 비밀스러운 고통을 준다.
근심은 요란하게 요동치고 공기와 고요에 훼방을 놓는다.
근심은 계속해서 새로운 가면을 쓴다.
근심은 집과 정원, 여인과 아이로
불, 물, 비수와 독으로 보이길 좋아한다.
일어나지 않은 일을 두려워하고,
계속해서 애도하며 울어야만 하는 일은 끊이지 않는다.

만약 검은 늑대를 금식시키려면 오래되고 좋은 책인 데일 카네기의 베스트셀러 「걱정하지 말고 살아!」를 읽으십시오. 근심은 염세적인 생각과 풍부한 환상을 결합하게 합니다. 근심이 없다면 우울증 환자도 없을 겁니다. 우울증 환자는 자신이 몹시 아프다고 믿어버립니다. 그리고는 유쾌한 생명감과는 모든 것이 다른 감정을 느낍니다. 내가 뭘 애기하고 있는지 나는 잘 알고 있습니다. 나도 젊었을 때 그런 사람 중 한 명이었기 때문입니다. 우울증으로 나는 모든 작은 모기를 생명을 위협하는 말라리아로 바꿀 수 있었고, 모든 두통을 뇌종양으로 바꾸어 생각할 수 있었습니다.

부정적인 생각은 건강, 타인 및 자신과의 관계에 짐이 됩니다. 그리고는 시간이 흐르면서 순례자처럼 거의 미치게 되는 위험이 도사리고 있습니다. 언젠가 전 세계가 우리를 상대로 결탁하게 됩니다. 우리가 갈 때 하필 신호등이 빨간색이 되고, 하필이면 우리 기차가 연착하고, 어쩌다가 산책을 하려는데 비가 오기 시작한다면 정말로 확신하게 됩니다.

다행스럽게도 부정적인 사고 유형은 돌파구를 찾을 수 있는데 그러려면 무엇보다도 연습이 필요합니다. 도움이 되는 연습은 다음에 나오는 명상에서 다루겠습니다.

노코멘트하기

다음의 방법은 정신 다이어트의 한 종류입니다. 평정심을 잃지 않기 위해서는 우리가 배운 '내면의 비평가'에게 규칙적으로 쉬는 시간을 주는 것이 중요합니다. 모든 일을 분석할 필요가 없기 때문입니다.

다음과 같은 작은 명상들을 실행에 옮기면 당신은 매일 무한한 가능성을 가지게 됩니다. 첫 번째 단계는 당신의 생각이 언제 롤러코스터를 타는지 알아채는 것입니다. 두 번째 단계는 일어난 일을 그냥 '그대로 놔두는 것'입니다. 머릿속에 환상적인 생각을 집어넣지 않고 실체에만 국한시킨다면, 삶이 훨씬 생동감 있어지고 근심이 없어진다는 것을 금방 인지하게 될 겁니다.

자, 그럼 부정적인 생각의 회오리를 어떻게 미연에 방지할 수 있는지 간단한 방법을 소개합니다.

- '무엇이 어떻게 될 것인지'에 대해 노코멘트하기

　친구들을 음식점에서 만나려고 차를 타고 시내로 갈 때, 주차장에 자리가 없을지, 누가 누구 옆에 앉을지, 베른하르트와 수지도 올지, 당신이 원하는 자리가 비어있을지에 대해 생각하지 마십시오. 운전에만 주의하고 그냥 자신이 깜짝 놀라도록 내버려 두십시오.

- '타인들이 당신에 대해 어떻게 생각할지'에 대해 노코멘트하기

　동료가 인사를 안 하거나, 이웃이 당신을 우습게 쳐다볼 때 그냥 그대로 놔두세요. 뭔가 말실수를 했는지, 옷을 잘못 입었는지, 타인들이 당신에 대해 어떻게 생각할지에 대해 곰곰이 생각하지 마십시오. 어쨌든 그걸 알지도 못할 것이며 전혀 중요하지 않습니다. 인간들은 때때로 우습습니다. 그냥 순간에 주의를 기울이십시오. 쓸데없는 일을 분석하지 마십시오.

- 신체 감각에 대해 노코멘트하기

　두통이 있거나, 다리가 가렵거나 혹은 발이 차가워도 분석하지 마십시오. 가능한 모든 질병들이 머릿속을 헤집고 다니지 않게 하고 성급하게 결론을 내리지 않도록 하십시오. 그리고 구글 검색을 하지 마십시

오! 만약 긴장되는 상황이면 언제든 병원에 갈 수 있습니다. 뭔가를 짜 맞추려 하지 않는 대신에 신체의 감각에 주의를 기울이는 것이 더 낫습니다. 대부분의 증상들은 나타났던 것과 마찬가지로 이유 없이 사라지기 때문입니다.

• 부정적인 감정에 대해 노코멘트하기

자신이 분노할 때 어떤지 관찰하십시오. 책임을 떠맡을 사람이나 잘못한 사람을 찾지 마십시오. 모든 인간은 분노하고 슬퍼하거나 두려워합니다. '근본 원인'을 찾으려 하지 말고, 심리분석을 하지 말고 자신의 감정에 머무르면서 정말 어떻게 느끼는지 관찰하십시오. 그리고 그 느낌을 꽉 잡아 붙들거나 없애려 하지 말고 그냥 있는 그대로 느낌을 관찰하십시오.

• 타인의 이상한 행동에 대해 노코멘트하기

상대방이 너무 늦게 약속에 오거나, 너무 말이 많든 적든, 계속 휴대폰만 보거나 이상한 모자를 쓰고 오더라도, 식사로 역겨운 내장을 주문하더라도 그냥 그렇게 내버려 두십시오. 상대방이 어떻든 간에 있는 그대로 받아들이십시오. 아무것도 코멘트하거나 평가하지 마십시오. 자신의 경험에 주의를 기울임과 동시에 새로운 경험을 개방적으로 받아들이십시오.

그리고 만약 음식점에서 식사를 하려면 그냥 주인에게 가격을 물어보세요. 그것 때문에 환상의 얼룩말들이 또 날뛰면 안 되니까요.

늑대와 개
(이솝)

어느 날 밤 늑대와 농장을 지키는 개가 만나서 서로 친절하게 인사했다. 늑대는 말랐고 털이 덥수룩한 반면, 개는 포동포동하고 털에 윤기가 좌르르 흘렀다.

늑대가 말했다.

"여보게, 자네는 어떻게 해서 그렇게 포동포동한 지 얘기 좀 해 주게."

"나는 편한 일을 하고 있네. 나는 농장을 지키고 도둑들을 쫓아내네. 덕분에 아침, 점심, 저녁에 고기를 먹지."

"그거야말로 정말 멋진 인생이군. 나도 자네처럼 그렇게 살았으면 하고 바랐었네."

개가 물어봤다.

"그런데 자네는 어떻게 해서 그렇게 마르고 털이 덥수룩한가?"

"나는 숲에서 자유롭게 산다네. 나는 마음대로 돌아다니고 계속 사냥을 하네. 그리고 보름달이 뜨는 날에는 바위 위에서 형제들을 만나 달을 찬양하며 노래를 부르네."

"그거야말로 정말 멋진 인생이군. 나도 자네처럼 그렇게 살기를 바랐었네."

자유 속 안정, 안정 속 자유

이야기 속의 개가 되고 싶습니까? 아니면 늑대가 되고 싶습니까? 둘 중에 누가 더 나은 선택을 했다고 생각하십니까?

아마 자유가 더 중요하다고 혹은 안정이 더 이성적이라고 생각하기 때문에, 대답이 입 밖으로 나오려고 할 때 당신은 이것이 그렇게 단순하지 않다는 걸 알 것입니다.

예를 들면 나는 '창의적인 일'을 하고 있습니다. '프리랜서'(이 단어 안에 이미 '프리'라는 말이 들어가 있습니다)이기 때문에 사장은 정규 업무시간과 같은 것을 감수해야 합니다. 이 이솝우화를 읽었을 때 제일 먼저 생각났습니다. "맞아. 자유가 훨씬 결정적인 거였어!" 그러나 나는 한 번 더 충분하게 생각하기 시작했고 그러고 나니 복잡해졌습니다. 어쨌든 나는 결혼을 했고, 안정감을 느끼고, 집을 소유하고, 연금을 납입하면서 모험과는 완전히 다른 삶을 살고 있습니다. 그렇다면 이것이 '자유로운' 것일까요?

자유뿐 아니라 안정도 장단점이 있습니다. 개는 충분하게 먹을 것을 제공받지만 그 대신 농장을 벗어날 수 없습니다. 늑대는 자신이 하고 싶으면 달을 보고 짖을 자유가 있지만 그 대신 계속해서 사냥을 해야만 합니다. 토끼를 놓치기라도 하면 굶주린 배를 움켜쥐고 자야 합니다.

자유로운 것은 모험을 하고 새로운 것을 경험하고 용기를 키우고 돌발적인 상황에서 결정을 할 수 있게 하고, 하얀 늑대에게 충분히 먹이를 줄 수 있게 합니다.

안정적인 것 역시 좋은 느낌입니다. 안정은 믿음과 보호를 제공하고 정해진 틀은 무질서나 근심 때문에 검은 늑대에게 먹이 주는 것을 막아

줍니다.

기본적으로 우리는 둘 다 필요하고 그건 이미 오래전부터 시작되었습니다. 어린아이들에게는 안정이 필요합니다. 그들은 규칙적인 것을 원하고 저녁에 취침 동화 혹은 성탄절이나 부활절과 같은 '규칙적인 축제'를 좋아합니다. 아이들은 의지할 사람을 필요로 하고, 확실하게 홀로서기를 할 수 있게 하는 안정을 원합니다. 그리고 아이들은 성장할수록 자유를 중요시 여기게 되고, 새로운 것을 시도하려는 욕구와 경계를 뛰어넘으려는 욕구도 커지게 됩니다.

성인이 되면 안정에 대한 욕구는 매우 개인적이게 됩니다. 모두가 다르게 성장했기 때문입니다. 젊은 사람들은 자유로운 것을, 나이 든 사람들은 안정된 것을 선호한다고 생각하지만 반대의 사례도 있습니다. 자신의 안정을 중요시 여기는 경영학 전공의 학생들이 있거나 또는 '나이 든 사람들이 인생을 즐겁게 산다'는 원칙에 따라 '퇴직'하고 뭔가 새로운 것을 시작하려는 중년층도 있습니다.

안정과 자유, 둘 다 좋고 인생의 여러 단계와 영역에서 나름의 정당성이 있습니다. 그렇다면 아무런 문제가 없을까요? 그렇지 않습니다. 왜냐하면 우리가 가지지 못한 것을 동경하기 시작할 때 문제가 생기기 때문입니다. 그리고 또다시 '다른 사람이 가진 것이 더 좋은 것 같다'는 어리석은 생각을 합니다. 정규직과 확실한 직장을 가지고 있는 사람은 자신의 안정된 환경에 반해 자유와 더 많은 창의력, 프리랜서를 동경합니다. 확고한 관계를 가지고 있는 사람은 언제라도 다른 사람과의 사랑의 모험을 꿈꾸는 반면, 대부분의 솔로들은 확고한 관계를 꿈꿉니다.

개는 사냥을 원하고 늑대는 안정적인 저녁식사를 원합니다. 우리는 정말로 어떤 것이 100% 옳다고 할 수 없습니다.

자신이 모든 것을 할 수 없다는 것을 인지할 때에야 만족할 수 있습니다. 폭풍이 부는 바다로 나가기를 원합니까? 아니면 안전한 항구에 머물기를 원합니까? 둘 다 괜찮습니다. 그렇지만 하나를 결정해야만 하고 그러고 나서는 그 결정을 굳게 믿어야 합니다.

잠재력 발견하기

자유든지 안정이든지 간에 당신은 둘 다 환상을 가지고 바라볼 수 있습니다. 유일한 안정은 잘 아는 것처럼 죽음입니다. 마찬가지로 유일한 자유도 죽음입니다. 환상적인 섬에 살며 하루 종일 돛단배에 앉아 있고 은행 계좌에 충분한 돈이 있다 할지라도 당신의 생각, 감정, 기분은 자유롭지 못할 겁니다.

다른 한편으로 자유와 안정을 현실적으로 바라볼 수 있습니다. 그러면 둘을 서로 결합할 수는 없을지에 대한 의문이 생깁니다. 자유로운 여행자가 세계 여행을 할 때 안정을 느낄 수 없다고 누가 말할 수 있을까요? 자신의 삶에 확고한 믿음을 가질 때 두려움에 떨지 않고 폭풍을 극복할 수 있습니다. 그리고 반대로 매우 정돈되고 확실히 짜여있는 안정된 삶 속에서도 언제든지 새로운 것을 시도하고 오래된 습관을 깨거나 내적인 자유와 독립을 느끼는 것이 가능합니다.

다음 몇 가지 질문이 자유와 안정 사이의 건강한 균형을 이루는 것을 도와줄 것입니다.

- 아주 순간적으로, 자유로운 것과 안정적인 것 중에 무엇이 삶에서 더 중요하다고 생각합니까? 두 가지 중 무엇에 더 많은 의미를 둡니까? 무엇이 더 기분 좋게 합니까?
- 좀 더 자유롭다고 생각하는 삶의 영역이 있습니까? 일에 관해서나 대인관계 혹은 의무에 관련해서 말입니다. 당신의 자유를 제한하는 것은 외부의 환경입니까? 아니면 내적인 태도입니까?
- 좀 더 안정적이라고 여기는 삶의 영역이 있습니까? 그것이 정확히 무엇입니까?
- 통제되지 않는 자유로운 삶 속에서도 안정되고 편안하게 느끼는 것이 가능하다고 생각하십니까? 내일 무슨 일이 일어날지 모르는 것이 두려움과 근심을 갖는 이유는 아닙니다. 칼리프와 구두수선공의 이야기에서처럼. 블레즈 파스칼은 "가라앉지 않을 거라는 확신이 있으면 폭풍이 몰아칠 때 배를 타는 것이 더 재미있다"라고 말했습니다. 폭풍을 좋아한다면 믿음이 커야 합니다.
- 정해진 틀과 안정된 조직에 있음에도 새로운 것을 시도하고 더 자유로움을 느낄 가능성을 발견할 수 있습니까? 항상 결정을 스스로 하는 게 확실하다면, 안정된 삶을 위한 결정이더라도 자신을 상황의 희생자로 여기지 않을 것입니다. 당신이 규칙적인 하루 일과뿐만 아니라 심리적으로도 매여 있으면 정말 자유롭지 못하게 됩니다. 당신은 오랫동안 같은 대인관계, 같은 일 그리고 같은 집에 살아도 내적으로는 새처럼 매우 자유로울 수 있습니다. 혹은 멋진 하얀 늑대처럼요.

젊은 도둑
(중국)

리는 비교할 수 없는 특별한 칼을 가지고 있었다. 그는 그 칼을 아버지에게서 받았고 아버지는 또 그의 아버지에게서, 이런 식으로 계속 오랫동안 여러 세대에 걸쳐 대물림된 칼이었다. 수백 년이나 오래된 칼인데도 여전히 날카로웠고 손잡이는 옥으로 되어 있었다.

그런데 어느 날 그 칼이 없어졌다. 리는 놀라서 얼굴이 창백해졌다. 칼을 찾으려고 왔다 갔다 하면서 모든 구석과 틈새들을 살펴봤다. 결국 그는 지쳐서 포기하고 집 앞의 의자에 앉아 울고 있었다.

그때 그가 이웃 청년 루허를 봤다. 그는 의심이 생겼다. 혹시 저 자가 그 귀한 칼을 훔쳐 갔을까? 그는 청년을 응시했고, 시선을 느낀 루허가 그에게 몸을 돌렸다. 청년의 눈빛은 그를 깔보는 것 같았다. 그의 인사도 자신을 놀리는 것 같았다. "안녕하세요, 아주 좋은 하루가 되길 바랍니다!"

리는 그에게 돌진해서 죗값으로 시퍼렇게 멍이 들도록 패주고 싶었다. 그렇지만 증거가 없기 때문에 판사가 그 청년이 아니라 자신에게 벌을 내릴 수도 있다는 걸 잘 알고 있었다. 가장 좋은 방법은 전혀 눈치채지 못하게 그를 감시하는 거였다. 그래서 리는 친절한 표정을 지으며 인사했다.

그 이후부터 그는 할 수 있는 한 자주 이웃집을 관찰했고, 특히 청년이 들어가고 나오는 걸 눈여겨봤다. 하지만 청년은 자신을 주시하고 있다는 걸 눈치챈 것 같았다. 왜냐하면 그를 놀리려고 청년은 그의 집을 지나 우물까지 갔다가 곧바로 집으로 돌아왔기 때문이었다. 그는 젊은 범인이 어떻게 교활하게 쳐다보는지도 봤다.

그는 이전에 청년의 용모를 보고 거의 가족처럼 믿었다. 그렇지만 지금은 자신이 왜 이 청년을 한때 좋아했고 맛있는 걸 선물했고 집으로 초대해서 값진 칼을 보여줬는지 이해가 되지 않았다. 청년은 전형적인 범죄자의 특징을 모두 갖추고 있었다. 눈꺼풀은 아래로 쳐졌고 미간은 좁았으며 눈빛이 불안했고 걸음걸이는 느려 터졌으며 손은 떨고 있었다. 청년이 점점 더 파렴치해 보였다. 한 번은 청년이 어슬렁거리며 지나갈 때 그가 갑자기 큰 소리로 웃어버린 적도 있었다.

그렇게 엿새가 지났다.

그런데 이레째 그는 값비싼 칼이 천에 돌돌 싸여진 채로 함 뒤에 있는 것을 발견했다. 그곳은 그가 예전에 칼을 보관했던 곳이었다. 자신이 직접 그곳에 놔두었던 것이다.

그날 오후에 그가 청년을 다시 만났을 때, 청년은 변한 것처럼 보였고 무슨 일이 있어도 도둑과는 거리가 먼 사람처럼 보였다.

보지 않은 것을 판단하지 마시오!

리가 재판관이 아닌 것이 천만다행이라고 말할 수 있겠습니다. 그러지 않았으면 상냥한 이웃 청년이 전혀 죄가 없음에도 감옥에 갇힐 뻔했습니다. 아니면 그 당시 중국의 법대로 어쩌면 고문실에 들어갔을 수도 있었습니다. 그렇지만 자신의 판단에 의해서가 아니라, 법률에 의거해 판결을 내리는 현재의 판사들도 완벽하지는 않습니다. 나는 여기서 얼마나 많은 사람들이 부당하게 선고를 받았는지 그리고 곰팡내 나는 감방에서 그들의 귀한 시간을 얼마나 많이 보내야만 했는지 생생하게 묘사하고 싶지 않습니다. 많은 나라에서 얼마나 많은 무죄인 사람들에게 사형을 집행했는지를 말입니다. 미국 법무부에서 현미경으로 머리카락을 분석하여 범죄를 증명했던 1985년부터 2000년까지 판결을 조사했을 때, 95%의 머리카락 분석이 틀렸다는 것을 DNA 분석으로 밝혀냈고 이미 사형당한 사람 중 14명은 무죄였습니다!

다행히 나는 판사가 아닙니다. 전문가들도 판결에 자신의 선입견이 영향을 미치지 않는다는 것은 거의 불가능합니다. 그렇다면 '보통 사람들'이 어떻게 해야 객관적으로 판결하는데 성공할까요?

그것은 '우리의 실체'는 '실체'가 아니라는 것을 항상 기억하는 것이 좋을 겁니다. 정신은 자신의 틀에 맞게 실체를 만들어 냅니다. 우리의 생각과 감정은 살이 포동포동 찌고 이빨을 드러내 보이는 검은 늑대에 의해 자주 조정됩니다. 이렇게 되면 우리는 대상을 더 이상 차분히 그리고 명확하게 볼 수 없습니다. 가치와 판단으로부터 자유롭고 개방적인 대신에 자신의 선입견과 생각에 의해서 조정 당할 수 있습니다.

보통 선입견은 좋은 것을 전제로 하는 것이 아니라, 나쁜 것에서 출발하기 때문에 모든 것이 점점 더 안 좋아집니다. 공원 의자에 앉아 있는 자유로운 복장의 외국인을 본다면 단지 몇몇 사람들만이 창의적인 상상력으로 세상을 더욱 다채롭고 아름답게 만들어 주는 자유로운 예술가라고 추측할 겁니다. 그 외 대부분의 사람들은 그 외국인을 '우리의 돈을 바라는' 그리고 여성들과 아이들을 위협하는 불결한 기초생활 수급자로 생각할 겁니다. 그럼 좋습니다. 어쩌면 그렇게까지 나쁘게 생각하지 않을 수도 있습니다. 세상의 지혜가 담긴 이 이야기책을 읽고 있는 독자들은 더욱 그럴 것입니다. 그렇지만 정말 솔직하게 말해서, 우리 중 누가 자신이 보려고 하는 것을 정확히 못 볼까요? 그리고 누가 자신의 생각 중 많은 부분을 착각하지 않을까요?

자신의 생각만큼이나 그렇게 강하게 집착하고 확신하는 것은 거의 없습니다. 많은 사람들이 자신과 자신의 의견이 일치한다고 믿습니다. 만약 그들에게 그 생각들은 단지 동일시와 사고의 구조물일 뿐이며 그것에 상응하는 일시적인 현상이라고 말한다면 그 사람들은 경악하거나 분노할 것입니다. 자신이 고수할 수 있는 의견이 없는 사람이 있을까요?

걱정하지 마십시오. 선입견이나 다른 판단이 없어도 충분합니다. 정확히 말하면 우리가 생각의 속박에서 벗어날 때, 마음챙김 현명함, 이해심과 관용이 비로소 활동을 시작하기 때문에 훨씬 더 많이 엄격해집니다.

우리가 다른 사람을 만날 때 대부분 상대방에 대해 상상합니다. 그리고 그런 상상으로 만들어 낸 그 사람이 어떠한지 생각합니다. 우리는 이런 방식으로 실체의 문을 잠그고, 생동감 있고 끊임없이 변화하는 무언가를 죽어 있는 스냅 사진으로 바꿔버립니다.

생각의 자유

우리 사회처럼 자유로운 사회에서는 생각이나 의견을 말하는 것이 쉽습니다. 우리의 생각이 인류의 사회적 네트워크에서 떨어져 나가는 것이 가치가 있는지 없는지는 분명하지 않습니다. 다음의 연습에서는 '우리가 말하고자 한 것을 말하는 것'이 중요한 게 아니라, '우리가 생각하고자 한 것을 생각하는 것'이 중요합니다.

매우 딱 붙는 청바지를 벗을 때 다시 자유롭게 호흡할 수 있는 것과 마찬가지로, 항상 같은 방법으로 대상을 바라보도록 자신을 강요한 생각에서 벗어날 때 정신적으로 더 깊이 숨을 쉴 수 있습니다.

한번 의도적으로 관점을 바꿔본다면 어떻겠습니까? 당신과 반대되는 생각을 나타내는 주장을 적극적으로 찾아보십시오. 그냥 재미로, 자유로운 사고실험으로 생각을 바꿔보십시오. 정말로 믿고 있는 생각을 하나 찾으십시오. 거기에 간단한 생각의 원칙을 추가하십시오. 그런 다음에 완전히 반대되는 생각을 가진 사람을 설득해야만 할 때 어떻게 논쟁을 할지에 대해 깊이 생각해 보십시오.

- 초콜릿이 건강에 좋지 않다고 생각하십니까? 그렇다면 한번 카카오에 좋은 성분이 얼마나 많이 들어있는지, 초콜릿이 두뇌의 행복호르몬을 어떻게 깨우는지 그리고 왜 항산화 물질이 면역체계를 강화시키는지 한번 조사해 보십시오.
- 초콜릿이 건강에 좋다고 생각하십니까? 그렇다면 초콜릿 한 판에 얼마나 많은 지방과 설탕이 들어있는지 그리고 이 성분들이 신체에 왜 '좋은지' 알아보십시오.

- 자녀를 교육하는데 가능한 많은 자유공간을 줘야 한다고 생각하십니까? 그렇다면 왜 아이들에게 명확한 경계가 필요한지, 왜 너무 많은 자유는 무질서와 불만족을 낳게 되는지에 대한 이유들을 가능한 한 많이 찾아보십시오.
- 아이들에게 경계가 필요하다고 생각하십니까? 그렇다면 그 경계가 아이에게 안전을 제공하는 건지 혹은 어른에게 편리함을 주는 건지 생각해 보십시오.
- 살인자가 평생 감옥에 있어야 한다고 생각하십니까? 그렇다면 최근 독일연방 법무장관이 왜 살인자에 대한 무기징역을 폐지하려고 하는지, 왜 무기징역이 특별하게 평가되어야만 하는지 또는 강한 형벌이 범죄를 억제하는데 효과가 없다는 심리학자의 말이 어떻게 나왔는지 알아보십시오.
- 살인자에게 두 번째 기회를 줘야 한다고 생각하십니까? 그렇다면 감옥에서 나온 살인자가 다시 살인을 했다고 가정하면, 살인자가 얻은 두 번째 기회는 그 희생자의 가족에게 무엇을 의미하는지 생각해 보십시오.
- 성실한 사람에게만 보상이 따른다고 생각하십니까? 그렇다면 엄청난 부자는 단지 행운이 종종 따르거나 엄청난 재산을 상속받은 사람이라고 말하는 사람과 논쟁을 한번 해 보십시오. 혹은 덜 노력하고 즐기면서 자신의 일을 하는 사람이 더 성과가 있다는 사람과 논쟁해 보십시오.
- 세상이 불공평하게 돌아가고 욕심 많은 사람이 더 많은 것을 소유한다고 생각하십니까? 그렇다면 정이 많고 탐욕스럽지 않고 인내, 성실 그리고 창의력으로 부자가 된 사람과 논쟁해 보십시오.

그리고 갑자기 옥으로 장식된 손잡이가 있는 칼이 없어졌기 때문에 옆집에 사는 젊은 남성이 도둑이라고 생각한다면 한번 다르게 생각해 보십시오. 어쩌면 당신은 그 칼을 다른 곳에 놔뒀을 겁니다.

지혜의 은신처
(인도)

태고에 신들이 인류를 창조했다. 그러나 곧 신들은 인간이 우주의 지혜를 이해할 만큼 성숙하지 않다는 것을 확신했다. 인간들이 나쁜 짓을 했기 때문이었다. 그리하여 신들은 인간이 충분히 성숙해질 때까지 찾지 못하도록 지혜를 숨기기로 했다.

도대체 이 값진 보물을 숨길 수 있는 안전한 은신처는 어디일까?

창조의 신 브라마가 지혜를 가장 높은 산에 숨기자고 제안했다. 그러나 인간들이 모든 산을 금방 오를 수는 없겠지만 결국은 지혜를 가져가서 그것을 악용한다면?

유지와 보존의 신 비슈누는 지혜를 바닷속 가장 깊은 곳에 숨기자고 했다. 그렇지만 그것도 인간들이 끊임없이 노력해서 지혜를 너무 빨리 찾는다면?

마침내 파괴와 재생의 신 시바가 말했다.

"우주의 지혜를 인간의 마음에 숨깁시다. 거기는 아무도 예측하지 못할 것이고 지혜는 인간이 성숙하고 내면의 길을 갈 때 찾게 됩니다."

그래서 그렇게 됐다.

지혜 - 하얀 늑대의 기본 식량

사람들이 지혜를 찾지 못하도록 그렇게 잘 숨긴 아주 못된 신들. 그렇지만 이 이야기는 신들이 항상 그렇게 최악은 아니라는 것을 말하고 있습니다. 지혜가 없었다면 인류는 나쁜 짓을 엄청나게 많이 저질렀을 겁니다.

지혜를 가지고 더 많은 재앙을 일으킬 수도 있다는 것을 어떻게 생각했을까요? 다음은 완전히 반대되는 경우입니다. 지금은 지혜가 우리 지구에 퍼질 가장 좋은 시기입니다. 빠를수록 더 좋습니다. 오늘날처럼 지구의 생명이 이렇게 위협받았던 적이 없습니다. 무엇을 더 기다립니까? 결국에는 사람들 간에 그리고 자연에 발생하는 모든 문제들을 해결하는 유일한 방법을 지혜가 제공할 것입니다. 하얀 늑대들을 풀어 주십시오. 검은 늑대가 이미 너무 많아졌습니다!

지혜를 발휘한다면 하얀 늑대의 행복을 더 이상 걱정할 필요가 없습니다. 지혜를 얻자마자 공감, 기쁨, 사랑, 명랑함, 평온함이든 행복감이든 간에 이 '모든 것을 포함해서' 나머지까지도 얻을 수 있습니다. 당신이 이미 확실하게 알고 있듯이 지혜는 책에 들어 있는 것이 아니라 마음속에서 발견하는 것입니다.

이제 우리 두 작가가 스트레스를 받기 시작합니다. 지혜의 다른 면이 이해될 수 있도록 설명한다는 것이 우리에게는 매우 힘든 작업이기 때문입니다. 마음에 있는 지혜는 심장과 함께 작동하지 않고, 초음파로 볼 수도 청진기로 들을 수도 없다는 것은 분명합니다. 그래서 우리는 이 장을 여기서 마칠 수도 있습니다. 어차피 얘기될 수 없는 것을 어떻게 말하겠습니까? 그러나 다른 한편으로 생각해 보면, 그것을 우리가 한 번쯤 시도해 볼 수도 있습니다.

물론 지혜에 관한 몇 가지는 우리도 알고 있습니다. 예를 들면 지혜는 항상 동정심과 함께 나타납니다. 혹은 지혜로운 자는 이성으로 볼 수 없는 것을 직관적으로 안다는 것. 지혜는 깊은 통찰력을 가능하게 하고 정직과 정신적 평화를 이끌어 냅니다. 좀 전에 다룬 이야기는 신들이 지혜를 가장 높은 산에도 가장 깊은 바다에도 숨기지 않았다고 했습니다. 지혜를 알아내는 일은 간단합니다. "찾아라, 그러면 찾을 것이다"라고 신약성경(마태복음 7장 7절)에 있습니다. 그리고 다른 곳에도 같은 내용이 더 있습니다. 거기에서 우리는 가장 중요한 것을 찾아야 합니다. "보아라, 하나님의 나라는 너희 안에 있다"(누가복음 17장 21절).

'하나님의 나라', '행복감', '지혜' 혹은 당신이 항상 부르고 싶은 것은 당신 안에 있습니다. 즉, 당신의 마음속에 숨어있습니다. 그렇다면 그곳에 어떻게 들어갈 수 있는지 물어볼 겁니다. 대답은 명상으로 들어갈 수 있습니다. 명상하는 동안 정신은 외부의 영향에 민감하게 반응하기도 하고, 열려있으며 평온하기도 하고 깨어 있습니다. 통찰과 지혜가 자연스럽게 나타나면서 탐욕, 증오, 현혹과 같은 정신의 독은 사라집니다. 그때에 부정적인 감정을 억누를 필요는 없습니다. 간단하게 뒤로 기댈 수 있고(단지 내적으로 기대는 것을 의미하며, 비스듬히 앉는 것은 도움이 되지 않습니다) 부정적인 감정을 받아들임으로써 결국에는 그것들이 스스로 사라집니다.

불교의 교리에 따르면 육체적 그리고 정신적으로 완전한 조화를 이룬 상태에서 비로소 깨달음을 경험할 수 있습니다. '사마디(삼매)'라고 표현되는 깊이 집중하고 마음을 모은 상태가 동쪽의 많은 나라들에서 하는 수행 방법의 목표입니다. 기독교적 신비주의도 모든 정신적 구성 요소들의 안정을 다루고 있습니다. 명상수행자나 기도자가 모든 상념, 연상, 내적인 대화 등으로부터 완전하게 벗어날 때에만 최고의 깨달음에 도달합니다.

기술 아닌 기술

깨달음에 도달할 수 있는 방법이 두 가지 있습니다. 장수, 아픔, 많은 위기와 인생 경험을 통해서 또는 정신적인 방법인 명상을 통해서 깨달음에 도달할 수 있습니다. 물론 여기서 명상은 여가활동이 아니라 단련입니다. 깊은 명상에 몰두하고 신경 쓰였던 것을 모두 놔버리는 것은 대단하고 심오한 경험입니다. 명상을 준비하고 일상을 변화시키기 위해서는 반드시 '엉덩이를 깔고 앉아 있을' 필요가 있습니다. 더욱이 지금 당장 관심이 생겨서가 아니라 매일 혹은 적어도 일주일에 다섯 번 수행해야 합니다. 우리 정신 속의 야생 원숭이가 점차 광란을 멈추고 마침내 안정을 되찾을 때까지는 충분한 시간이 필요합니다. 매일 15분을 거기에 투자해야 합니다.

이 책에서 이미 몇 가지 명상 방법을 알아봤습니다. 사마타 명상에서는 호흡에 집중합니다. 비파사나 명상에서는 육체와 사고를 어떻게 조정할지 경험의 다양한 영역에 집중하여 마음챙김을 진전시키도록 합니다. 메타 명상에서는 목표했던 공감을 발전시킵니다. 그렇지만 다음에 나오는 '열린 지각 명상'은 명칭처럼 따로 설명할 필요는 없습니다. '기술 아닌 기술'이라는 부제를 선, 도교 그리고 티베트 불교에서 볼 수 있지만, 매우 적절한 방법을 제시한 중세 독일 신학자 마이스터 에크하르트의 설교에서도 볼 수 있습니다.

"당신 자신에게 주목하고
항상 자신을 발견할 수 있는 곳
그곳에서 자신과 분리하십시오.
그것이 최상입니다."

불교에서는 실제로 '균형'이라고 표현합니다. 항상 신중하고 자신을 옭아매지 마십시오. 아무것도 하지 않고 아무것도 원하지 않으며 아무것도 기대하지 말고 앉으십시오. 신체의 고요와 호흡의 정돈을 느끼십시오. 집중력을 다른 곳에 돌리지 말고 의식하는 모든 것을 내려놓으십시오. 모든 긴장으로부터 온전히 벗어나 앉아 있으십시오. 동시에 2가지를 주의해야 합니다.

1. 방금 일어난 일은 그냥 일어나게 내버려 두십시오.
2. 집중력을 조정하고 생각을 통제하려는 의도를 알아차릴 때마다 그 의도를 내려놓으십시오.

갑작스럽게 뭔가가 떠오를 때(미래에 대한 생각이나 발이 가렵다거나), 신경이 쓰이는 모든 생각들을 내려놓으십시오. 생각하지 말고 그냥 겪으십시오.

아무것도 하지 마십시오. 그냥 집중한 채로 앉아 있으십시오. 15분 동안. 그것이 끝입니다.

운명의 바퀴
(중국)

중국 만리장성 근처에 작은 농지와 말 한 필을 가지고 있는 가난한 농부가 살았다. 어느 날 그의 말이 그곳을 벗어나 산으로 올라가 더 이상 돌아오지 않았다. 이웃들은 "웬 불행이야, 유일한 말인데!"라고 말하며 농부를 가엾이 여겨 위로하려고 했다.

그러나 농부는 웃으며 말했다.

"하늘의 뜻을 누가 알겠어요?"

이웃들은 소곤거렸다.

"저 불쌍한 사람은 말이 없어진 게 어떤 의미인지를 모르는 모양이네. 저 사람은 멍청이인가 봐."

몇 달 뒤 그 말이 어린 말과 짝을 데리고 돌아왔다. 그래서 농부는 말 한 필이 아니라 세 필을 가지게 됐다. 농부의 이웃들이 기뻐했다. "엄청난 행운이네! 하늘이 도왔어!"

그러나 농부가 말했다.

"하늘의 뜻을 누가 알겠어요?"

이웃들이 몹시 놀라서 수군거렸다.

"저 멍청이는 자기가 얼마나 운이 좋은지를 모르나 봐. 저런 사람은 도와줄 필요가 없어!"

이제 농부는 말 세 필을 가지고 있었다. 어린 말이 빨리 자라서 아들이 말을 탈 수 있게 되었다. 농부의 아들은 말을 잘 탔으나 어린 말이 뒷발로 섰을 때 말에서 떨어져 다리가 부러졌다. 부러진 곳이 약간 틀어져서 붙는 바람에 아들은 절름발이가 되었다. 이웃들이 그를 불쌍히 여겼다. "이 불쌍한 사람아! 유일한 아들이 불구가 되고 밭일을 더 이상 도울 수가 없으니 이게 웬일인가!"

그러나 농부가 말했다.

"하늘의 뜻을 누가 알겠어요?"

이웃들은 고개를 저으며 자기들끼리 말했다.

"그 사람은 멍청해서 얼마나 안 좋은 일인지도 모르나 봐!"

얼마 지나지 않아 황제의 군인들이 마을에 왔다. 전쟁이 일어나서 마을의 모든 젊은이들이 징집되어 전장으로 끌려갔다. 농부의 아들은 다리 때문에 마을에 남아 있게 되었다. 아들들을 전쟁터로 내보낸 이웃들이 농부를 부러워했다. "당신은 아들이 집에 있어서 전쟁터에서 죽을 걱정을 하지 않아도 되니 얼마나 운이 좋은가!"

그러자 농부가 웃으며 말했다.

"하늘의 뜻을 누가 알겠어요?"

행운과 불운은 바뀌고 운명의 바퀴는 멈추지 않습니다. 운명의 변화 무쌍함에 집착하지 않고 평정심을 유지하는 방법을 제시한 이야기입니다.

내려놓기의 비밀

로또에 당첨되거나 가장 좋은 일자리를 얻거나 혹은 드디어 신차가 탁송되어 집 앞에 서 있으면 우리는 기쁨과 감동으로 종종 집 밖으로 뛰쳐나갑니다. 로또 당첨금으로 경솔하게 투자했다가 돈을 다 날리거나 해고통지서를 우편함에서 발견하거나 혹은 신차를 주차하다가 굵게 긁으면 우리는 한없이 무너집니다. 입맛도 떨어지고 불면증이 생기고 그리고/혹은 우울증에 걸립니다.

우리는 매우 기뻐하고 또는 우울증에 걸리거나 절망할 정도로까지 아주 괴로워합니다. 이런 일은 우리 주변에 흔히 있는 일이고 정말 일반적인 일입니다. 케이크 안에 들어 있는 건포도만 골라서 빼먹을 수 없는 것은 슬픈 일입니다. 케이크 정도는 그냥 그렇다 칠 수 있습니다. 그러나 실패를 경험해 보지 않고는 성공을 경험할 수가 없다는 것은 유감스럽지만 사실입니다. 고된 업무가 있었기 때문에 멋진 휴가가 가능한 겁니다. 인생은 좋고 나쁜 일의 반복입니다.

이 농부에게는 무슨 일이 있었을까요? 이야기 속의 농부는 대부분의 사람들과는 다른 반응을 보였습니다. 좋은 일이 생겨도 그렇게까지 기뻐하는 것 같지 않았습니다. 적어도 집 밖에서는 그렇게 보였습니다. 그리고 일이 어긋나도 최소한의 흥분도 하지 않았습니다. 어쨌든 우울증도 걸리지 않았습니다. 왜 그럴까요?

아주 간단합니다. 농부는 '내려놓기'의 비밀을 알고 있었습니다. 인생이 때로는 전진하고 때로는 후퇴한다는 것을 알고 있는 농부는 감정이 롤러코스터를 타게 내버려 두지 않았습니다.

어떤 '나쁜' 뉴스가 당신에게 별로 영향을 주지 않을 정도로 평정심이 유지되고 있다면 얼마나 좋겠습니까? 내려놓기가 유일하게 중요한 것입니다.

그러면 '좋은' 뉴스는 어떨까요? 만족스러운 상황인데도 환호성을 지르지 않는다면 슬프거나 약간은 지루하지 않을까요?

처음에는 아마 그렇게 보일 겁니다. 그렇지만 내려놓는다는 것은 감정과 활력이 없는 것이 전혀 아닙니다. 오히려 그 반대입니다. 내가 보기에 이야기 속의 농부는 정말로 매사에 만족하는 한결같은 사람입니다. 그는 나를 기분 좋게 해주고 긴장을 풀어줍니다. 그는 하늘이 자신에게 무엇이 최상인지 이미 알고 있다고 믿었습니다. 그런 믿음을 심리학자나 심리분석가들은 '원초적 신뢰'라고 합니다. '이익과 손해'로 흔들리지 않은 것입니다.

힌두교의 중요한 경전 중 하나인 바가바드기타는 어떻게 깨달음을 알 수 있는지 설명합니다. "더위나 추위, 기쁨이나 고통, 명예나 불명예든지 간에 마음이 한결같은 것은 정신적으로 매우 성숙한 것이다. 어려운 상황에서도 육체와 정신의 조화가 흐트러지지 않고 끊임없이 밝음과 즐거움을 발하는 것이다."

그러므로 내려놓음으로 활력과 즐거움을 잃는다는 것은 전혀 말이 되지 않습니다. 일반적인 기쁨이 불확실한 외적인 환경에 좌우되는 반면, '신적인 기쁨'은 자기 스스로에게 훨씬 더 많이 보상해줍니다. 로또 당첨을 기다리는 사람은 오랫동안 기다릴 수 있습니다. 독일 로또 숫자 6개를 맞힐 가능성은 약 1억 5천만 분의 1입니다. 독일 대도시 중 어느 한곳에 있는 바로 당신을 우연히 발견하는 것입니다. 당신이 로또가 당첨되지 않고 지금 삶에서 성취감이 부족하더라도 기쁠 수 있습니다. 기쁨은 즉, 이익과 손해에 얽매이지 않습니다.

- 당신에게 본질적인 것이 무엇인지 그리고 당신의 결정이 자신의 가치와 조화로운지 인지했을 때,
- 인정할 것이 무엇인지 그리고 스트레스와 긴장으로부터 벗어나는 것을 배웠을 때,
- 진심으로 원하는 것을 알고 그것을 추구할 때,
- 매 순간 삶에 집중하고 내려놓을 때,
- 자신 안에 있는 하얀 늑대에게 먹이를 주고 마음을 따를 가능성을 발견했을 때,

이럴 때 기쁨은 저절로 생깁니다.

외부의 상황에 의해 흔들리지 않는 것은 확실히 좋은 생각이라는 것 이외에도 농부 이야기는 우리에게 또 무엇인가를 제시하고 있습니다. 우리는 정말로 무엇이 최선인지와 우리 주변에 있는 사람들이 어떤지에 대해 잘 알지 못합니다. 이런 이유로 나는 '나쁜'과 '좋은' 뉴스에서 앞에 계속 따옴표를 붙였습니다. 아마 눈에 띄었을 겁니다. 오늘 불행으로 보였던 것이 내일 진짜 행운으로 정체를 드러낼 수 있습니다. 그리고 우리 대부분이 낙관적이라고 했던 많은 것들이 얼마 안 가서 고통으로 바뀔 수도 있습니다.

당신이 지금 행한 것들은 언제나 일어나는 일이고, 언제나 경험하는 것들입니다. 그것이 '좋던' 혹은 '나쁘던' 그냥 내버려 두십시오. 새로운 사건에 대해 농부가 말했던 것처럼 하십시오. "하늘의 뜻을 누가 알겠어요?"

그것이 이익일까? 손해일까? 누가 알겠습니까! 제일 좋은 것은 일단 조금 기다려보고 그러고 나서 상황이 안 좋아지면 이렇게 말할 수 있을 겁니다. "혹시 다시 나아질지 지켜보자." 그리고 우리처럼 바이에른주에 오래 살았던 사람에게는 독일 국가대표 축구 선수이자 감독이었던 프란츠 베켄바워가 한 말이 떠오를 겁니다.

"지켜봅시다. 너무 많이 생각하지 맙시다."

보물의 방
(아라비아)

옛날에 낙타를 돌보는 목동이 있었다. 그는 열심히 일했음에도 형편이 나아지지 않았다. 어느 날 밤 그는 꿈속에서 용기를 내면 도와주겠다는 신령을 만났다.

가난한 목동은 오래 생각하지 않고 신령을 따라 산을 넘고 넘어 마법의 산으로 갔다. 신령은 목동을 큰 문 앞까지 데려가서 말했다.

"안으로 들어가서 선택하라!"

목동은 많은 기대를 품고 궁전으로 들어갔다. 첫 번째 보물의 방에서 신령은 목동에게 불패의 검을 보여 주었다.

"이 칼을 선택하면, 너는 모든 전쟁에서 이기는 위대한 용사가 될 것이다. 그리하여 네 이름은 사람들에게서 100년 동안 칭송받을 것이다. 이 칼을 선택하겠느냐? 아니면 다음 방으로 계속 가겠느냐?"

목동은 이 명성을 가져오는 검은 나쁘지 않지만, 어쩌면 더 좋은 것이 있을 거라고 생각하고 망설였다. 그래서 그는 다음 방으로 갔다.

두 번째 방에는 지혜의 책이 있었다.

"이 책을 선택하면, 하늘과 땅의 모든 비밀을 알게 될 것이다. 그래서 너는 1000년 동안 가장 위대한 현자로 명성을 얻을 것이다. 이 책을 선택하겠느냐? 아니면 다음 방으로 계속 가겠느냐?"

목동은 생각했다.

'지혜는 전쟁의 행운보다 훨씬 더 가치가 있어. 하지만 어쩌면 더 좋은 것이 있을 거야.' 그래서 그는 다음 방으로 갔다.

세 번째 방에는 작은 상자가 놓여 있었다. 그 안에는 행운을 가져다주는 보석이 있었다.

"이 보석을 선택하면, 사는 동안 행복하고 만족한 인생을 보낼 것이다. 사람들은 네 이름을 기억하지 못하겠지만, 너는 기쁨 속에서 살 것이며 사람들에게도 기쁨을 가져다줄 것이다. 이 상자를 선택하겠느냐? 아니면 다음 방으로 가겠느냐?"

목동은 생각했다.

'이 보석은 정말 놀라운 것이군. 하지만 어쩌면 더 좋은 것이 있을 거야.' 그리고 그는 다시 방문을 열고 들어갔다.

그런데 이번엔 자신이 가난하게 살던 오두막에 들어와 있었다. 동시에 신령과 마법의 산 그리고 보물의 방들이 모두 사라져버렸다. 그래서 그는 낙타를 돌보는 가난한 목동으로 살게 되었다.

자신이 원하는 것을 알지 못하는 사람들이 있습니다. 엄청난 보물들도 그들에게는 충분치 않습니다. 그래서 그들은 결국 보물도 없이 지금 있는 곳에 있는 것입니다.

생선 혹은 고기?

선택은 힘들고 어렵기 마련입니다. 도대체 우리는 왜 그런 불편한 선택 상황에서 오래 고민할까요? 결정을 못 하는 것은 어쨌든 괴롭습니다. 그래서 빠르게 결정해야 합니다. 당신이 A와 B를 결정하지 못하는 한, 당신은 긴장을 풀 수 없습니다. 이른바 A와 B 사이에 있는 긴장의 울타리에 매달려 있는 것입니다.

무언가 결정을 내리는 것은 때때로 매우 어렵습니다. 그리고 비록 간단한 결정일지라도, 결정을 내리는 것 자체가 항상 어려운 경우도 있습니다. 심리학자들은 우리가 매일 약 2만 건의 결정을 내린다고 합니다. 그중에서 대부분은 순식간에 그리고 직관적으로 내립니다. 아침식사 때 토스트에 꿀을 바를지 아니면 크림치즈를 바를지 오랫동안 고민하지 않습니다. 하지만 다른 경우에는, 즉 "지금 우리에게 무엇이 올바른 것인가?"라는 질문에 답을 해야 하는 것은 훨씬 어렵습니다. 이것 아니면 저것? 생선 아니면 고기? 주사위를 던지지 않는 한, 우리는 왔다 갔다 하게 됩니다.

항상 이런 결정들: '이것 아니면 저것', '그리고', '혹은', '이것도 저것도 아닌' 경우가 있습니다.

만약 '세계 결정장애 대회'가 있다면, 내 친한 친구가 금메달 우승후 보일 겁니다. 그녀는 어찌 보면 가장 불쌍한 사람입니다. 아이 셋을 키우기 때문에 항상 자신을 위해서뿐만 아니라, 가족 전체를 위해 결정을 내려야만 합니다. 예방 접종을 할까 말까? 유사 요법을 쓸까? 아니면 항생제를 쓸까? 달달한 후식 아니면 단호하게 설탕 금지? 여름에 샌들이 좋을까? 아니면 플립플롭이 좋을까?

비록 결정을 내리더라도, 그 결정은 그녀를 계속 불안하게 합니다. 예를 들어 지금의 이 결정이 회사 일을 그만두게 만드는 건 아닌지 혹은 영양상담사로서 교육을 받아야 할지 말지를 고민하게 만듭니다. 엄밀히 말하면, 그녀는 지금뿐만 아니라 4년 전부터 고민하고 있었습니다. 예와 아니오 사이에서 결정하지 못한 상태에서 4년을 - 한번 상상해 보십시오!

도대체 결정하는 것이 왜 그렇게 어려울까요? 그것은 우선 내가 잘못 생각한 것이 아닌가 하는 불안 때문입니다. 만약 당신이 쉽게 불안해한다면, 넘어질 용기조차도 없는 것입니다. 게다가 만약 당신이 완벽주의자라면, 모든 것은 더 복잡해집니다. 지나치게 높은 성과욕은 언젠가는 당신을 소파에 마치 마비된 듯이 앉아 있게 하고 그리고 더 이상 결정을 못 하게 할 겁니다.

그 밖의 이유는 계속되는 과잉공급 때문입니다. 집 근처에 대형 마트가 있습니다. 우리는 그 마트 안으로 나침반 없이 그리고 어디에 무엇이 있다는 '상품 안내판' 없이 들어갈 수 없습니다. 가끔 나는 빵에 발라먹는 것들 앞에서 낯선 행성에 와 있는 것같이 혼란스러워하며 서 있습니다. 나는 바디워시를 오히려 더 결정하지 못합니다. 우리가 정글 같은 매장에서 두 손 가득 생필품을 사는데 물건을 제대로 찾지 못해서 오후 시간의 반을 쓰는 것이 정말로 필요할까요? 우리가 50여 가지의 전동 칫솔 중 하나를 사기 전에, 며칠 저녁을 인터넷에서 제품 정보를 찾아보는 것이 정말 필요할까요? (나는 이 개수를 생각지도 못한 채 온라인 쇼핑몰에 '전동 칫솔' 검색어를 입력했습니다. 그랬더니 최소 50

개가 나왔습니다!)

목동의 이야기는 잼과 새로운 칫솔이 중요한 것이 아니라, 확실히 결정하는 것이 중요하다는 것을 보여줍니다. 목동은 비록 그에게 명성, 지혜 그리고 행복과 같은 세 번의 커다란 기회가 왔음에도 그것을 잡지 못합니다. 그것들 중에서 하나를 결정하는 대신, 모든 기회들이 바람과 함께 사라질 때까지 그렇게 오랫동안 망설입니다.

유감스럽게도 이와 똑같은 일이 당신에게도 일어날 수 있습니다. 왜냐하면 당신이 결정하지 못한 것도 당신의 결정이기 때문입니다. 당신은 행동하지 않는 것을 결정한 겁니다. 그러고 나면 기차는 이미 떠나가 버립니다. 다른 사람이 당신을 위해서 결정을 내리는 것은 편치 않을 겁니다. 그러니 결코 있지도 않을 완벽한 결정을 계속 찾으려는 것보다, 완벽하지 않은 결정을 스스로 내리는 게 더 낫습니다.

결정 장애에 대한 조언

결정하지 못하는 것은 너무 골똘히 생각하는 것의 한 형태입니다. 끝없이 생각하고 찬성과 반대를 신중히 검토할 때 머리는 아주 빠르게 돌아갑니다. 그러나 유감스럽게도 그것은 정신적 안정이 아니라 절망감에 빠트립니다. 숙고하는데 많은 시간이 걸리는 것이 더 나은 결정을 내린다고 믿는 것은 착각입니다.

예를 들어 프로 골프선수들에 대한 연구에서, 그들이 스윙에 대해 숙고할 시간이 없을 때 오히려 최상의 경기를 펼친다는 결과가 있습니다. 또 다른 연구들에서도 즉각적인 결정이 길게 보면 대부분 가장 좋다는 결과를 보여줬습니다.

다음 4가지 포인트는 더 빠르고 나은 결정을 하는 데 도움을 줄 것입니다.

1. 머리 대신 가슴으로: 가끔 우리는 '이성적으로' 결정하고자 합니다. 우리가 원하는 매우 많은 정보들을 수집할 수 있음에도, 미래에 무슨 일이 일어날지 머리가 알지 못하는 건 어리석은 일입니다. 오히려 직감이 본질적으로 더 믿을만합니다. 통계자료들은 단지 개개의 경우에 도움을 줄 뿐입니다. 만약 결정을 한 후에 느낌이 좋다면, 그것은 당신이 정확히 올바른 길을 선택했다는 것입니다.

2. 두 개의 미래를 상상하세요: 만약 A를 선택한다면, 당신의 미래가 어떻게 보이는지를 상상해 보십시오. 그리고 나서 다시 B를 선택한다면 어떤지 똑같이 상상해 보십시오. 당신의 결정이 인생에 어떤 영향을 줄지를 가능한 자세히 그림을 그려 보십시오. 미래의 자신을 보고 그 모습을 상상해 보십시오. A를 혹은 B를 결정한다면 당신은 어떨까요? 당신은 어떻게 느낄까요? 미래의 두 개의 모습을 시각화해 보십시오.

3. '그냥 해 보십시오' - Just do it: 그냥 무엇이라도 해 보십시오! 삶과 죽음은 중요하지 않습니다. 결국 당신이 하는 것은 결코 그렇게 중요하지 않습니다. 당신이 마음을 챙기고 긴장을 풀 때 모든 일이 적

합한 일입니다. 이것은 파트너, 베갯잇이나 휴가 목적지에서도 마찬가지입니다. 인공 호수에서 긴장을 풀고 즐겁게 누워 있는 것이 새하얀 카리브 해변에서 불쾌한 기분으로 있는 것보다 더 좋습니다. 노래를 흥얼거리는 버스 운전사가 번아웃 직전의 최고관리자보다 더 건강합니다. '무엇을' 할지를 결정하지 말고 '어떻게' 할지를 결정하십시오.

4. 당신의 길, 당신의 자유! 당신이 걷고 있는 길이 당신의 길입니다. 오직 혼자서 어떤 길을 선택할지 결정합니다. 결정이 좋았다는 것이 때때로 나중에 나타납니다. 그리고 또한 결정이 안 좋았다는 것도 나중에 나타납니다. 상관없습니다. 며칠 후에 각각의 결정을 다시 의심할 이유가 없습니다("어쩌면 빨간 것이 더 좋았을 텐데..."라고). 자신의 결정을 믿으십시오! 잘못된 결정 역시 결국 좋은 결정입니다. 그 결정은 당신을 발전하게 하고, 당신의 지평을 넓힐 겁니다. 그리고 삶이 마비되는 것보다는 어쨌든 좋습니다.

만약 당신이 또다시 결정을 할 수 없을 때, 이런 트릭을 시도해 보십시오: 동전 던지기. 여기서 물론 우연성에 맹목적으로 매달리지 말고 자신의 반응을 관찰해야만 합니다. 내면의 목소리로 "그래, 좋아, 이것이 이미 처리됐어"라고 말하십시오. 그러면 그것은 대부분 올바른 결정입니다. 그러나 "흠, 내가 옳은 건지 모르겠어, 내가 오히려 하지 않았더라면..."라고 말하면, 동전 던지기를 따르는 것은 잘못된 결정일 가능성이 높습니다. 우리의 잠재의식은 대체로 무엇이 옳고 무엇이 틀린 지를 잘 압니다. 그리고 이 작은 트릭은 당신의 속마음을 드러내게 할 것입니다.

사려 깊은 목공
(중국)

옛날 중국에 한 승려가 살았다. 그는 목공 장인들처럼 가구를 잘 만드는 특별한 능력의 소유자였다. 황실의 가구를 책임지고 있는 환관도 익히 들어 알고 있었다. 환관은 승려를 데려오게 했고, 궁에 있는 첫 번째 부인의 침실에 어울리는 옷장을 만들어 달라고 제안했다.

그는 승려가 제안을 수락하자 곧 침실로 안내했다. 그리고 승려가 필요로 하는 모든 것들을 마련해줬다.

황실 관리인이 승려를 관찰하고는 매우 놀라워했다. 왜냐하면 승려는 5일 동안이나 방 안에서 단지 눈을 감고 앉은 채로 아무것도 하지 않았기 때문이었다. 그는 공구도 나무도 만지지 않았다. 관리인은 점점 불안해하는 환관에게 그 사실을 보고했다. 6일째 환관은 승려에게 말하기로 결심하고 그에게 갔으나, 일하고 있는 승려의 모습을 보고는 그냥 돌아왔다.

그로부터 3일 후에 옷장이 완성되었다. 그리고 그것은 어느 누구도 보지 못한 완벽하고 훌륭한 옷장이었다.

황제가 옷장을 봤을 때, 이전에 장인들도 5일 동안에 하지 못한 것을 승려가 단 3일 만에 완성하였다는 것을 듣고는 황제도 신기해서 경탄을 금치 못했다. 그는 승려를 가까이 오게 했다.

"스님은 그럼 5일 동안 무엇을 하였소?"

승려는 절을 한 후 대답했다.

"황제 폐하, 그것은 이러하옵니다."

"첫째 날, 만약 제가 한 일이 폐하의 마음에 들지 않을 경우에 생길 좌절과 처벌에 대한 모든 무서운 생각을 떨쳐버리는데 시간을 보냈습니다."

"둘째 날, 저의 부족함과 부덕에 대한 모든 생각과 반드시 필요한 예술적 숙련도가 부족하지 않은가라는 생각을 떨쳐버리는데 시간을 보냈습니다."

"셋째 날, 만약 옷장을 잘 만들어, 폐하의 마음에 드는데 그리고 폐하께 인정을 받는데 성공한다면 생길 명성과 명예, 상금에 대한 모든 기대와 열망을 떨쳐버리는데 시간을 보냈습니다."

"넷째 날, 만약 제가 폐하의 칭찬을 듣게 될 경우, 마음속에서 생길 수 있는 자만심을 떨쳐버리는데 시간을 보냈습니다."

"다섯째 날, 제 머릿속에서 만들고자 하는 것에 대한 명확한 모습을 그리는데 그리고 내면의 눈으로 옷장을 상세히 관찰하는데 시간을 보냈습니다. 게다가 지금 앞에 놓여 있는 것처럼 황제 폐하가 이 옷장을 정확히 원할 거라는 확신을 갖는데 시간을 보냈습니다."

길로서 일

일은 넓은 들판이고 마음속에 있는 하얀 늑대와 검은 늑대에게 먹이를 줄 끝없이 많은 기회를 제공합니다. 사람들은 항상 일은 인생의 반이라고 말합니다. 하지만 정확히 말해서 우리는 일하는 데 훨씬 많은 시간을 보냅니다. 이것은 워커홀릭에만 해당하는 것이 아닙니다. 일은 우리가 소위 말하는 직장에서 하는 것보다 더 많습니다. 가사 역시 일입니다. 정원일도 마찬가지입니다. 자녀 양육이 엄청난 일인 것을 아이들이 있는 우리는 잘 알고 있습니다.

워라벨, 즉 '일과 삶의 균형'이라는 개념을 나는 특별히 좋아하지 않습니다. 물론 그것은 두 개의 서로 다른 영역입니다. 그러나 일하는 동안 우리는 당연히 살고 있고, 우리가 살고 있는 한 우리 대부분은 어떤 방법으로든지 역시 일하는 데 시간을 보냅니다. 따라서 두 영역은 명확히 분리되어 있지 않고 서로 뒤섞여 있습니다.

우리는 이야기 속의 승려로부터 많은 것을 배울 수 있습니다. 무엇보다도 외적인 업무를 수행하기 전에 자기 내면의 조화를 이루는 것이 얼마나 중요한지 알게 됩니다. 만약 지금 하는 일이 스트레스이고 자신의 직업을 적으로 생각한다면, 나는 당신을 진정시킬 수 있습니다. 일을 사랑하기 위해서 이상적인 직업을 찾을 필요는 없습니다. 주의하십시오. 물론 그렇게 할 수는 있으나, 행복해지기 위해선 그럴 필요가 없습니다. 훨씬 중요한 것은 피해 의식을 떨쳐버리고 생각을 바꾸는 것입니다.

목공 이야기에서 우리는 작업을 어렵고 힘들게 할 검은 늑대들을 만납니다. 승려는 즉시 톱을 들지 않고 그런 검은 늑대들을 물리치기 위해서 5일 동안 온종일 앉아 있었습니다.

- 걱정: *첫째 날, 좌절과 처벌에 대한 모든 무서운 생각을 떨쳐버리는데 시간을 보냈습니다.* 걱정은 자신이 만든 것이라는 것을 자각하십시오. 물론 실수를 해서, 상사가 화를 내서 그리고 주문을 잊어서 걱정이 생길 수 있습니다. 하지만 그것 모두는 인간적입니다. 걱정을 하는 것은 실수할 가능성만 높일 뿐입니다. 독일의 시인이며 풍자화가였던 빌헬름 부쉬는 "일어나지 않았을 많은 일들은 걱정 속에서 일어난다"라고 말했습니다. 걱정과 근심은 환상의 산물입니다. 그래서 그것을 떨쳐버리는 것은 정확히 바로 당신의 몫입니다.
- 자기 의심: *둘째 날, 저의 부족함과 부덕에 대한 생각을 떨쳐버리는데 시간을 보냈습니다.* 기본적으로 두려움에 대해 말한 모든 것들이 자기 의심에 적용됩니다. 자기 자신에게 계속해서 문제 제기하는 것은 골똘히 생각하는 것의 한 형태입니다. 너무 많이 생각하지 마십시오. 그냥 일을 하십시오. 자기 의심은 일에 집중하지 않을 때 그리고 자신에게 너무 많이 집중할 때 생기는 것입니다.
- 명망에 대한 갈망: *셋째 날, 명성과 명예, 상금에 대한 모든 기대와 열망을 떨쳐버리는데 시간을 보냈습니다.* 만약 자기 자신에 대해 아주 많이 생각하고 일을 하는데 너무 적은 에너지를 소비한다면, 일은 언제나 엄청난 스트레스를 유발할 수 있습니다. 스트레스는 일 그 자체에 있는 것이 아니라 기대에 의해서 생겨나게 되는 것입니다. 카르마 요가의 철학은 인생행로에서 생기는 특정한 의무를 채우기 위해 우리가 지상에 있다고 말하고 있습니다. 여기에서는 행위가 모든 중심

에 있습니다. 결정적인 것은 행위에 대한 절대적인 집중입니다. '행위의 열매', 즉 칭찬 혹은 인정은 부수적인 것입니다. 그것들은 우리의 정신적인 발전에 장애가 됩니다.

- **자만심:** *넷째 날, 마음속에서 생길 수 있는 자만심을 떨쳐버리는데 시간을 보냈습니다.* 검은 늑대는 일 그 자체와 아무 상관이 없으며, 우리의 사고와 해석에 숨어들어가 있습니다. 그것을 끄집어내야 합니다! 비로소 5일째 되는 날에 승려는 완성하고자 하는 것에 대해 명확한 형태를 그리고, 마음의 눈으로 옷장을 보기 시작합니다. 그제서야 자신의 행위에서 평온함과 내적 평화를 발견하는 길이 열린 것입니다. 그다음에는 모든 것이 아주 빠르게 진행됩니다. 자신과 자신의 행위 사이에 놓여 있는 방해물들을 제거하는 것보다, 해야 할 일을 하기 위해서 내적 평화를 찾고 잡념을 없애면 적은 노력으로 큰 성과를 낼 수 있다는 것을 우리는 다시 확인했습니다. 그리고 또한 일이 어떤 것이든지 상관없이 '무엇을'에 보다 '어떻게'에 훨씬 더 많은 의미를 부여해야 한다는 것을 알아야 합니다.

당신이 하는 사랑

덴마크의 소설가 헤르만 방은 다음과 같이 썼습니다: "사랑하는 일이 삶과 화해할 수 있는 유일한 것이다." 어쩌면 당신은 지금 '아하, 그러니까 내 자아를 실현할 수 있는 일을 찾아야만 하는구나'라고 생각할 겁니다. 가능합니다. 하지만 진실은 당신의 일과는 전혀 상관없습니다. 어떤 일에서든지 자아를 실현할 수 있기 때문입니다. 자, 좋습니다. 부다가 '올바른 생업'에 대해서 말했을 때 언급한 몇몇 예외를 들어 보겠습니다: "무기 무역상, 포주, 마약 중개상 혹은 도축업자로 일하는 것은 좋은 생각이 아니다." 적어도 검은 늑대에게 계속 먹이를 주지 않는 인생을 살려면 저런 직업은 적합하지 않습니다. 그것 이외에 당신은 거의 모든 일을 할 수 있습니다.

다음의 5가지 방법은 당신이 행복으로 가는 길을 조금 더 단축시키는 데 도움을 줄 수 있을 겁니다.

1. 이곳에서 그리고 지금 일하십시오: 당신이 하는 모든 것에 지금 이 순간 완전히 집중해 보십시오. 과거나 미래에 대한 생각이 들 때 혹은 평가와 반대를 느낄 때면, 그것들을 인지하고 그런 것들이 진행되도록 그냥 내버려 두십시오. 지금 이곳에서 더 일하면 할수록, 점점 더 긴장을 풀 수 있고 동시에 더 집중하게 됩니다.

2. 마음을 열고 호기심을 가지십시오: 당신이 하는 것에 대한 놀라움을 불러일으키도록 하십시오. 모든 것이 서로 어떻게 연결되어 있는지를 탐구하십시오. 가능한 한 일, 경영 또는 당신과 관련 있는 생산물에 대해 많은 지식을 습득하려고 시도하십시오. 새로운 경험을 위해 마음을 열고, 첫 순간에 마음에 들지 않은 분야일지라도 창의적으로 접근해 보십시오.

3. 유대감을 느껴 보십시오: 우리는 일할 때 다른 사람들을 만나게 됩니다. 동료, 상사, 고객, 공급자 등. 당신과 관련 있는 사람들을 중심

에 두도록 해 보십시오. 그러면 다른 사람들과 공감대를 형성할 수 있습니다. 더 많이 이해하려고 하고 더 나은 커뮤니케이션을 위해 노력할 수 있습니다. 자신이 팀의 일원이고 팀원들 간의 좋은 관계를 위해 공동책임이 있다는 것을 깨닫도록 하십시오. 대인관계에 어려움을 겪는다면 가끔 새로운 사람들을 만나는 것도 괜찮습니다. 그러나 그들에게 결코 너무 많은 기대를 해서는 안 됩니다.

4. 정성을 다하십시오: 여기서는 완벽한 것이 중요한 게 아니라, 마음을 다해 일하고 최선을 다하는 것입니다. 실패에 대한 걱정, 근심 혹은 자기 의심은 많은 에너지를 빼앗아 갑니다. 긴장을 풀고 평온하게 있을 때에만 내적으로나 외적으로나 최적의 결과를 얻게 될 것입니다. 할 수 있는 것을 하는 것만으로도 매우 충분합니다. 더 이상 할 수 없다면 그것은 이미 끝난 것입니다. 동방정책을 이끌었던 독일 총리 빌리 브란트는 자신의 마지막 인터뷰에서 묘비명에 "노력했습니다"라는 간략한 문구만 쓰여 있기를 원한다고 말했습니다.

5. 몰입해서 일하십시오: 몰입의 원칙은 미국의 행복연구가 미하이 칙센트미하이에 의해서 약 40년 전에 자세히 연구되었습니다. '몰입'은 모든 것이 잘 흘러가고 당신이 스트레스 없는 상태로 최선을 다할 수 있는 것을 의미합니다. 음악가, 화가, 작가, 운동선수와 같은 몇몇 직업에서는 몰입을 해서 완전히 자신의 행동에 녹아들어 가기가 특히 쉽습니다. 몰입 상태는 정신적으로도(연구, 배움, 성찰 혹은 독서의 기쁨을 통해서) 육체적으로도(움직이고, 보고, 듣고, 느끼는 즐거움을 통해서) 생길 수 있습니다. 만약 예술적으로, 창의적으로, 지적으로 또는 기술적으로 일을 한다면 몰입의 비밀을 파헤치는 데 특별한 가치가 있을 겁니다.

그리고 만약 당신이 어느 시점에서 "지금 일은 나의 것이 아니다..." 라고 말한다면 나는 다음과 같이 말하겠습니다. "진심으로 하고 싶은 일을 하십시오. 그러면 당신은 결코 일할 필요가 없을 겁니다!"

닭과 독수리
(프랑스)

한 농부가 알을 발견하고는 닭들이 부화시키게끔 알을 닭장에 넣어두었다. 그리고 마침내 알에서 새끼 독수리가 나왔다. 하지만 새끼는 자기가 독수리라는 것을 알지 못했다. 새끼 독수리는 다른 새끼 병아리들처럼 자랐고, 자신이 닭이라고 생각했다.

어느 날 독수리가 농가 위를 날다가 새끼 독수리를 발견하고는 아래를 향해 소리쳤다.

"나와 함께 가자! 산을 넘어서 바람을 타고 날아가자!"

새끼 독수리는 하늘의 왕이 나는 것을 봤을 때, 다시 사라질 때까지 다른 닭들처럼 무서워서 머리를 날개 속으로 처박았다.

자기 자신을 아는 것이 얼마나 중요합니까!

닭이 아닙니다!

닭과 독수리에 대한 우화는 상당히 유명합니다. 보통 우화는 우리가 가능성을 닫고 살아갈 때 무슨 일이 일어날지를 상징적으로 묘사합니다. 솔직히 성공과 동기부여 훈련을 하는 모임에서 이 우화는 매우 인기가 있습니다. 그리고 그것은 결코 놀라운 것이 아닙니다. 사실 하늘을 나는 것을 결코 믿지 않는 아주 많은 사람들이 있습니다. 그들은 태어나면서부터 자신이 독수리의 날개를 가지고 있다는 사실을 알아차리지 못하기 때문입니다.

우리가 사실은 독수리였다는 것이 스스로에게 분명해질 때까지 하얀 늑대에게 줄 많은 먹이, 특히 용기와 끈기와 같은 먹이가 필요합니다. 날기 위해서는 우선 점프하는 것을 믿어야만 합니다. 그러므로 용기가 필요합니다. 두 번째로 시간이 필요합니다. 처음에는 대체로 날아 보는데 많든 적든 실패하기 때문에 날기 연습에서부터 힘들이지 않고 하늘 높은 곳을 날아다니기까지 약간의 시간이 걸립니다.

그러나 가능성을 펼치기 위해서는 자신이 제일 먼저 알아차려야만 합니다. 이것이 원래 가장 중요한 부분입니다. 이때 다른 사람에게 기대해서는 안 됩니다. 오히려 반대입니다. 우리가 사실은 독수리인데도 닭이라고 생각하게 하는 것은 가끔 다른 사람들에게도 책임이 있습니다. 부모, 친척, 교육자, 선생님, 이웃들 그리고 어려서부터 우리에게 우리는 닭이고 영원히 닭이 된다고 가르쳐 주었던 모든 사람들은 예를 들어 다음과 같이 말합니다.

- 우리는 실패자이고 성공하지 못할 것이다.

- 우리가 확실한 직업을 얻는다면 기뻐해야만 한다. 그리고 나서 그것을 반드시 지켜내야만 한다.
- 다른 사람들이 우리보다 더 재능 있고 더 똑똑하다.
- 인생은 결코 간단하지 않다.
- 우리의 목표는 비현실적이고 무의미하다. '공중누각'을 짓는 대신에 오히려 땅 위에 머물러야만 한다.

여전히 우리는 주위 사람들의 의견과 생각에 따라 조정됩니다. 대체로 그들의 프로그래밍 작업은 우리를 '얌전하게' 잘 적응하고 아주 '비정상적'이지 않게 만드는 겁니다. 그렇지 않으면 순식간에 그들의 모든 일이 수포로 돌아가기 때문입니다.

부정적인 확신은 검은 늑대에게 영양식이 됩니다. 부정적인 신념을 강화할수록 검은 늑대는 더 강해집니다. 사실 닭장에서 도망칠 단 하나의 가능성이 있다는 것을 생각해 보십시오.

1. 자신에 대해서 그리고 삶에 대해서 당신이 믿는 것이 결국 모든 것을 결정한다는 것을 분명히 알아야 합니다. 자신이 어떤 상황의 희생양이고 죄인이라고 믿는다면, 당신은 그렇게 됩니다. 아직 다른 가능성이 많다고 믿는다면, 그러면 그 가능성이 나타나게 됩니다.
2. 제한적인 멘탈의 전형에서 벗어나기 위해서는 내적으로 안정을 찾는 것이 중요합니다. 명상을 통해서 점차 부담스러운 생각과 감정으로부터 자유로워질 수 있고 명료함을 얻을 수 있습니다. 정신이 스스로 정화할 수 있는 시간을 주십시오. 만약 부정적인 확신의 안개가

깔려 있다면, 갑자기 안개가 걷히면서 길이 명확하게 보일 겁니다.
3. 꿈꾸기를 감행하십시오! 자유롭게 상상하십시오. 5년 후에 어디에 있기를 원합니까? 무엇이 당신을 방해합니까? 날개를 펼치고 모든 방해물을 넘어갈 수 있기 위해 어떤 능력을 습득해야만 합니까?
4. 다음의 문장을 곰곰이 생각하십시오: "당신이 정말로 원하는 사람이 돼라."(제발 잘못된 겸손을 가지지 마십시오!)

닭과 독수리의 우화는 주로 성공, 목표 설정, 직업관과 같은 주제와 연관해서 나타납니다. 한편으로 보면 그것은 나쁘지 않습니다. 왜냐하면 재능과 가능성이 일치된 성공적인 삶은 정말 굉장하기 때문입니다. 하지만 다른 한편으로 보면 아직 자신의 가능성을 완전히 끄집어 낼 가치가 있는 다른 중요한 분야가 있습니다. 독수리는 우리 정신의 자유를 상징할 수 있습니다.

자신을 닭이라고 간주하는 한, 당신은 화려한 깃털을 가진 다른 닭들을 부러워할 겁니다. 그리고 만약 누군가가 당신에게 곡식 한 톨을 가지고 싸움을 건다면 분노할 겁니다. 당신이 품었던 알에서 정상적인 새끼가 나올지 걱정할 것입니다. 그리고 여우가 밤에 닭장 주위를 어슬렁거리면 당신은 불안에 떨 것입니다. 그러면 당신은 독수리로부터 더 멀어지게 될 것입니다.

반대로 독수리는 자유와 명료함을 상징합니다. '개의치 않고' 날아오른 사람은 모든 종류의 걱정, 불안, 의심, 얽힘으로부터 자유롭습니다. 하지만 여기서 알아야만 하는 결정적인 것이 있습니다. 그것은 우리가 크고 강한 날개를 가진 것을 발견할 때만 하늘을 날 수 있다는 것입니다. 비록 아직 모르더라도 적어도 한번 시험 삼아 해봐야 그것이 그렇다는 것을 알 수 있습니다. 그러고 나서 우리는 무엇이 일어나는지를 알 수 있습니다.

    자신을 자유롭게 하는 것이 불교의 특색입니다. '부다'는 근본적으로 오로지 '스스로 깨달은 자'를 말합니다. 그리고 '스스로 깨달은 자'는 내적으로 성장하고 자신의 정신적 자유가 끝이 없다는 것을 아는 사람입니다. 불교의 길은 걱정, 미움, 분노, 욕심, 질투 그리고 비겁함의 시간의 굴레로부터 자유롭게 합니다. 그래서 그것을 '해방의 길'이라고 부릅니다. 부다 스스로 그것을 이렇게 정리했습니다: "거대한 대양이 단지 하나의 맛, 즉 소금의 맛을 가진 것처럼, 나의 가르침도 단지 하나의 맛을 가지고 있다, 즉 자유의 맛."

    물론 당신이 불교와 관계없어도 자신이 진짜로 독수리라는 것을 알아차릴 수 있습니다. 자유롭게 되는 것은 곧 무엇보다도 내려놓는 것을 의미합니다. 그리고 날마다 많은 것을 내려놓을 수 있습니다. 분노, 불안, 과도한 기대, 당신에게 부담을 주는 확신 혹은 당신의 삶이 닭장이라고 믿게 만드는 망상을 내려놓아야 합니다.

가르침
(일본)

훗날 선의 대가 '료칸'으로 알려진 야마모토 에이조 스님은 선의 배움에 모든 것을 바쳤고, 가족과 많은 사람들로부터 존경을 받았다.

어느 날 야마모토가의 한 가장이 죽었고 그의 아들이 후계자가 되었다. 그는 료칸의 조카였다. 친척들은 곧바로 조카가 재산을 여자와 노름에 날려버릴 거라고 비난했다. 주위 사람들도 그에게 정중하게 경고했으나, 그는 누구의 말도 듣지 않았다. 가족들조차 그가 모든 재산과 가족의 소유물을 탕진할 거라고 걱정했다. 그래서 결국 그들은 료칸에게 도움을 청해 조카를 정신 차리게 해줄 것을 부탁했다.

료칸은 승낙했다. 그것은 먼 여행이었고, 그는 조카를 오래전부터 못 봤었다. 료칸이 조카의 집에 도착했을 때, 조카는 모든 예를 다해서 료칸에게 인사를 했다. 조카는 삼촌의 방문을 매우 기뻐했다. 료칸이 자신은 계속 여행을 해야만 한다고 말했으나, 조카는 삼촌이 하룻밤 머물 것을 고집했다.

밤새 료칸은 침묵의 명상을 하면서 앉아 있었다.

아침이 되었을 때 그는 일어나서 떠날 준비를 했다. 그리고 그는 조카에게 말했다.

"나도 나이가 들었다. 손이 조금씩 떨리고 더 이상 몸을 잘 굽힐 수 없다. 신발 끈 묶는 것을 좀 도와주거라."

조카는 기꺼이 그를 도와주었다.

료칸은 고맙다면서 말했다.

"너는 날마다 사람들이 나이가 들고 기력이 쇠하는 것을 본다. 자기 자신을 잘 관리하거라."

그러고 나서 료칸이 떠났다. 료칸을 떠나보낸 가족들은 실망했다. 그가 여자, 노름 그리고 친척들의 걱정에 대해서 한마디도 하지 않았기 때문이었다.

그렇지만 그날 아침부터 조카의 방탕한 삶이 끝났다.

아하 체험의 힘

마음속에서 잘 먹고 편안하게 살고 있는 검은 늑대를 장기적으로 살을 빼게 하기 위해서는 가끔 한 가지만의 깨달음으로도 충분합니다. 그것은 아주 간단한 깨달음일 수 있습니다. 내가 숨을 죽이고 이를 악물고 긴장할 때보다 숨을 깊이 내쉬고 마음에서 내려놓으면, 어려운 상황을 더 잘 그리고 더 쉽게 극복한다는 것을 언젠가 깨달은 후부터 스트레스 레벨이 확실히 내려갔습니다. 아하 체험을 한 번이라도 겪으면 더 이상 그런 실패를 하지 않을 수 있다는 것은 분명합니다.

최근 내 아내는 자신에게서 아주 흥미 있는 점을 발견했습니다. 그녀는 자신이 특정한 사람들을 만난 후 많이 피곤해하고 불만족한 감정을 느끼며, 단지 예의상 혹은 습관적으로 다른 사람들을 만난다는 것을 알았습니다. 아이들을 돌보고 업무를 해결하고 일정을 마쳐야만 하기 때문에 하루가 어쨌든 꽉 차 있다면, 그러면 나머지 남아 있는 시간은 아주 중요함에 틀림없을 겁니다. 그런데 왜 우리는 덧붙여서 쓸모없는 의무들을 더 떠맡아야만 할까요? 왜 마음이 통하지 않는다고 느끼는 사람들을 만나야만 할까요? 단지 그들이 옆집에 살기 때문에 또는 그들의 아이들이 우리 아이와 같은 학년이기 때문일까요? 적합한 시기에 '아니요'를 자유롭게 말할 수 있다는 깨달음이 그녀를 긍정적으로 변화하고 더 많이 가벼워지도록 만들었습니다.

이야기에서 료칸이 조카에게 선물한 아하 체험 역시 큰 영향과 긍정적인 결과를 가져왔습니다. 사실 여기서 전달하는 메시지는 아주 간단합니다. 우리는 영원히 살지 않는다! 시간은 한정되어 있다. 우리는 늙고 우리의 힘은 시간이 지남에 따라 약해집니다.

인생의 황금기에 있는 사람은 그것을 쉽게 간과합니다. 그들 대부분은 영원히 젊고 건강하고 어쩌면 죽지도 않을 것 같다는 꿈을 꿉니다. 하지만 한번 정확히 주위를 둘러본 사람은 토끼가 어떻게 뛰는지 알아차릴 수 있습니다. 처음에 토끼는 즐겁게 여기저기 깡충깡충 뛰고 세상의 경이로운 것들을 큰 눈으로 보고 놀랍니다. 나중에 토끼는 가족을 만들고 아주 많은 새끼를 낳습니다. 그리고 언젠가 토끼가 나이 들게 되고 여우도 그를 잡아먹지 않게 되었을 때 깡충깡충 뛰는 것은 끝이 납니다. 유감스럽지만 우리에게도 더 이상 점프를 못하게 되는 시간이 다가옵니다.

후에 '부다'라는 이름으로 가르침을 주었던 싯타르타 고타마가 처음으로 병, 노년 그리고 죽음과 같은 인간 존재의 어두운 면에 충돌하게 되었을 때, 그는 인생의 황금기에 있었습니다. 고통을 극복하려는 절박한 소망이 많은 길을 돌고 돌아 결국은 그가 가운데 길을 발견하도록 이끌었습니다. 그리고 그는 고통으로부터 완전하게 벗어날 수 있는 체계적인 연습 시스템을 만들었습니다.

료칸의 조카는 행동이 아주 그렇게 지나치지 않았습니다. 그런데도 그는 생애의 한계를 깨달았고, 부다처럼 이 한계는 그에게 스승이 되었습니다. '노름과 정부 놀이의 중단' - 이것이 그 결과였습니다.

그러면 우리에게는 어떨까요? 우리가 영원히 살지 못한다는 것을 정말 알고 있다면, 우리는 미래의 중요하지 않은 일을 하지 않는 대신에 현재 뭔가 가장 중요한 일을 착수할 가능성이 높습니다. 친구들, 가족 구성원들과 마찬가지로 우리 역시 죽게 된다는 것은 사실입니다. 하지만 죽음에 대한 불안은 우리가 덧없는 육체에 살고 있다는 사실에 대한 비이성적인 반응입니다. 죽음에 대해서 곰곰이 생각하는 대신에, 오히려 앞으로의 삶에 대하여 깊이 생각해야만 합니다.

"우리가 가진 시간이 짧은 게 아니라, 낭비하는 시간이 많은 것이다"라고 세네카는 「인생의 짧음에 관하여」에 썼습니다. 인생의 상대적인 짧음에 대해 생각해 보면 죽지도 않을 것처럼 행동하지 말아야 합니다. 우리는 인생에서 본질적인 것을 자각할 가능성을 무한히 가지고 있지 않습니다. 우리는 생을 정말 쉽게 줄일 수 있는 반면에, 유감스럽게도 결코 늘릴 수는 없습니다. 그래서 단 하나의 가능성만 있을 뿐입니다: 인생을 더 알차게 살자!

무엇을 위해 자신의 시간을 보내길 원하고, 무엇이 중요한지를 곰곰이 생각해 보십시오. 지나간 것을 교훈으로 삼으십시오. 이때 간단한 마음챙김 연습이 도움이 될 겁니다. 이 연습의 목적은 모든 것에는 끝이 있음을 규칙적으로 분명하게 보여 주는 것에 있습니다. 자신에게 간단한 질문을 하십시오. 만약 내가 앞으로 3개월밖에 못 산다면, 지금 여기서 하는 것을 나는 계속할 것인가?

가슴에 손을 대어 보십시오. 그럼에도 불구하고 당신이 지금 이 책을 계속 읽고 있을 건가요?

만약 아니라면, 그러면 빨리 이 책을 덮고, 산책을 하고, 친구에게 전화를 걸고, 그림을 그리거나 혹은 마음이 항상 당신에게 말한 것을 하십시오…

사려 깊은 왕자
(페르시아)

현명한 왕은 늦은 나이에 아들을 얻었다. 이제 그는 늙어서 왕자에게 왕권을 물려주려고 했다. 하지만 그는 왕자가 왕궁의 부유함과 호화로움 속에서 자랐기 때문에 백성들의 가난과 궁핍을 이해하지 못할 것이며, 그래서 현명한 지도자가 되지 못할 것이라고 걱정했다.

그래서 왕자를 데리고 나라를 여행하기로 했다. 왕자와 함께 가장 가난한 지역으로 가서 한 농부의 보잘것없는 농장에서 며칠을 보냈다.

다시 왕궁으로 돌아오는 길에 왕은 아들에게 물었다.

"그래, 여행에서 너는 무엇을 배웠느냐?"

"예!" 왕자가 말했다. "정말 많은 것을 배웠습니다!"

"그렇지? 너도 많은 사람들이 얼마나 가난한지, 삶이 얼마나 고된지를 보았구나."

"예, 아버님, 저도 그것을 보았습니다."

"그러면 너는 거기에서 무엇을 배웠느냐?"

"지금, 저는 작은 애완견을 가지고 있습니다. 농부는 세 마리의 강한 셰퍼드와 세 마리 고양이를 가졌습니다. 우리는 황금으로 된 욕실을 가지고 있습니다. 농부는 여름이면 수영을 하고 겨울이면 스케이트를 탈 수 있는 개구리, 오리, 물고기가 있는 저수지를 가지고 있습니다. 우리는 정원에 화려한 전등을 많이 가지고 있습니다. 농부는 별을 가지고 있습니다. 우리 정원은 크고, 우리는 예술적인 정원 울타리를 볼 수 있습니다. 하지만 농부는 지평선을 봅니다."

왕은 기막혀서 말문이 막혔고, 왕자가 말하고자 했던 것이 무엇인지 알지 못했다.

왕자는 아버지를 존경스럽게 바라보면서 말했다.

"아버지, 저는 아버지께서 우리가 얼마나 가난한지를 보여 주신 것에 대해 감사드립니다."

소박함의 행복에 관하여

부유함은 상대적입니다. 겉으로만 보면 황금의 새장은 아주 아름답게 보일 수 있습니다. 하지만 당신이 거기에 갇혀 있다면, 당신은 빠져나오길 원할 겁니다. 이것에 대해 성서에 이렇게 쓰여 있습니다. "사람이 만일 온 천하를 얻고도 제 목숨을 잃으면 무엇이 유익하리오?"(마태복음 16장 26절)

이야기에서 왕자는 어리석지 않습니다. 그는 부유한 아버지를 둔 자식들과는 분명히 다릅니다. 농부의 가난한 상황을 멸시하거나 가능한 한 빨리 자신의 새 스마트폰과 드론이 있는 곳으로 돌아가는 대신에, 그는 아주 사려 깊은 사람만이 알아차릴 수 있는 것을 깨닫습니다. 그는 마음의 눈으로 세상을 보고 소박함에 깃든 부유함과 대수롭지 않은 것들에서 묻어나는 아름다움을 발견합니다.

우리가 필요로 하는 모든 것은 오랫동안 거기에 있습니다. 어쩌면 우리가 필요로 하는 것보다 오히려 더 많이 거기에 있습니다. 지평선, 저수지, 별, 구름, 꽃 그리고 나무들… 우리가 자연이 선물한 것에 만족하더라도, 단지 우리 주변에 있는 많은 것들 중 작은 부분을 파악할 수 있을 뿐입니다.

너무 적게 가지고 있는 것이 문제가 아니라, 가지고 있는 것을 너무 적게 인식하는 것이 문제입니다. 우리는 '보통'이라고 생각하는 것의 가치를 인정할 줄 모르기 때문에 점점 더 많은 것을 가지려고 노력합니다. 더 많은 정보, 더 많은 뉴스, 더 많은 컴퓨터게임, TV 드라마, 자동차 모델, 립스틱 그리고 물론 더 많은 돈. 그러면 언젠가 우리는 넘쳐나는 것의 한 가운데에서 꼼짝 못 합니다. 점점 더 많은 것을 소유하고, 점점 더 해결할 일이 많을수록 인생은 더 복잡하게 됩니다. 과잉의 세상에 살고 있어도 많은 사람들은 오늘날 더 명료하고 더 평안하고 더 소박한 것을 갈망합니다.

감사하는 연습

점점 더 많이 노력하는 것을 중지하십시오. 소비의 세계에 전념하는 대신에 귀중한 삶의 에너지를 모으십시오. 당신은 더 많은 약속들, 친구들, 인정받는 것 혹은 보석이 더 이상 필요하지 않습니다. 정말로 중요한 것은 딱 한 가지입니다. 지금 거기에 있는 것을 깨닫는 것입니다.

그것의 가치를 인정하십시오. 그러면 감사하는 능력이 발전하면서 그것은 아주 쉽게 이뤄집니다.

감사하는 마음은 더 만족하게 되고 인생에서 더 많은 의미를 발견하는데 매우 유용한 능력입니다. 마음챙김은 감사하는 마음을 발전시키는 데 도움을 줍니다. 그리고 거꾸로 당신이 모든 것에 감사할 수 있다고 의식적으로 자주 할수록 점점 더 마음을 챙기게 됩니다.

감사함의 연습은 매우 간단합니다. 밤에 잠들기 전에 오늘 경험한 감사할 수 있는 것을 적어도 5가지를 생각하면 됩니다. 아주 특별한 것을 찾지 마십시오. 단순한 것의 아름다움에 눈길을 주었던 것이 중요합니다. 예를 들어 태양이 비쳤던 것, 아침 식사가 맛있었던 것, 친한 친구와 통화를 할 수 있었던 것에 대해 감사할 수 있습니다. 나무에서 나뭇잎들이 바스락거리는 소리에 대해 감사할 수 있습니다. 빵집의 신선한 빵 냄새에 대해 또는 친하게 지내는 사람들에 대해서 감사할 수 있습니다. 간단히 다섯 개를 찾으십시오. 그리고 너무 오래 깊이 생각하지 마십시오. 시간이 지남에 따라 이 연습이 점점 더 쉬워지는 것을 알아차리게 될 겁니다. 그러면 과제를 열 개로 늘리십시오.

우리는 정말 무엇이 필요할까요?

삶을 더욱 단순하게 하십시오. 삶을 복잡하게 하는 대신에 단순하게 하기를 시도하십시오. 특히 어떤 일을 감당할 수 없을 때 더욱 혼돈 속으로 몰아넣는 결정을 하지 않도록 주의해야만 합니다. 가치 없는 유리구슬인지, 불필요한 시간만 잡아먹는 일인지를 알아차리고 의도적으로 거부하는 것은 당신을 더 가난하게 만드는 것이 아니라, 부유하게 그리고 더 자유롭게 만듭니다.

당신이 더 오래 가지고 있지 않으려는 것을 알아차리자마자, 과잉으로부터 자유로워질 수 있습니다. 지금 그러한 것들을 노트에 써 보십시오. 아니면 다음 문제들에 대해서 간단하게 생각하며 지나가십시오.

- 무엇으로부터 자유로워질까요? 무엇이 부담을 주고 있습니까? 적어도 5가지를 찾아보십시오.
- 당신에게 많은 의미가 있고 내려놓지 않으려고 하는 것은 어떤 것입니까? 그것을 적어도 5가지 찾아보십시오.
- 더 이상 필요하지 않는 물건들을 가지고 있나요? 옷, 가구, 책, TV 그리고 애플리케이션 등등. 정말로 그것들이 필요한지 생각하면서 집을 둘러보십시오. 그리고 책, 가구, 접시, 옷 혹은 CD 등의 물건들이 잘 있는지 바라보십시오. 그것들 중에서 무엇이 정돈되어 있고, 무엇이 주변에 널브러져 있습니까? 1년 동안 손도 안 댄 물건은 무엇입니까? 어떤 것이 고장났습니까? 그리고 그것들 중에서 어떤 것을 정말 좋아합니까?

어쨌든 당신에게 부담만 주는 것은 내려놓으십시오. 자신을 과잉의 압박으로부터 해방시키고 삶을 복잡하지 않게 그리고 더 단순하게 하십시오 - 날마다.

모래 위의 발자취
(짐바브웨)

아버지 카마코무는 아들들이 강한 남자로 성장하는 것을 보았다. 그는 시간의 모래 위에 그들이 발자취를 남기게 하기 위해 아들들을 세상으로 내보냈다.

첫째 아들 쿠마는 진지한 아들이었다. 그는 즉시 흙으로 언덕을 만들기 시작했다. 그리고 그는 나무와 바위에 징표를 남겼다.

둘째 아들 감바는 모험심이 많았다. 그는 용감한 사자 사냥꾼이 되었고 사냥 품을 매우 자랑스럽게 마을 사람들에게 보여줬다.

셋째 아들 파라이는 걱정거리가 없는 자식이었다. 그는 마을을 여행했고 사람들과 대화를 나눴고 그들의 이야기를 들어주고 그들에게 옛날 이야기를 해주며 그들을 웃게 만들었다.

3년 후에 세 아들이 다시 돌아와 자신들의 경험을 이야기했다.

아버지가 말했다. "자신들의 표시를 남겼느냐? 정말로 시간의 모래 위에 발자취를 남겼느냐?"

"저는 세상을 두 손으로 바꾸었습니다. 제 표시는 오랫동안 남아있을 것입니다." 쿠마가 아주 진지하게 말했다.

"아니요, 제 명성이 더 오래 남아있을 겁니다!" 감바가 흥분해서 말했다.

파라이는 말없이 미소 짓고 어깨를 으쓱했다.

아버지가 고개를 끄덕이며 말했다.

"그럼, 내가 직접 경험해 보겠다."

그리고 그는 마을로 긴 여행을 떠났다. 그가 1년 후에 다시 돌아왔을 때 세 아들을 불러 모았다.

"쿠마, 너의 표시를 사람들은 많은 곳에서 발견한다. 하지만 바람이 그것들을 많이 지워버렸다. 네가 자국을 남긴 바위와 나무들은 부서지고 혹은 불에 타 버렸다. 그래도 너의 표시를 아직 여러 곳에서 볼 수 있었다. 내 아들이 이 표시들을 남겼다고 내가 말했을 때, 사람들은 고개를 끄덕였다. 너의 징표를 사람들이 오랫동안 볼 수 있을 것이다."

아버지는 감바에게 몸을 돌렸다.

"너의 이름은 아직도 많은 마을에서 들린다. 그들은 너의 사냥 품을 가리키며 위대한 사자 사냥꾼이라고 말하고 있다. 몇몇 젊은 남자들은 너를 본보기로 삼고 있었고 훌륭한 사냥꾼이 되고 싶어 했다. 내가 그의 아버지라고 말했을 때, 사람들은 약간 두려워했다. 시간의 모래 위에 너의 자취는 네 인생을 넘어 오래 기억될 것이다."

그러고 나서 아버지는 파라이를 향했다.

"너를, 나의 아들을 모든 곳의 사람들이 알고 있다. 내가 갔던 어떤 마을에서는 사람들이 너의 사랑, 네 열린 마음, 그들에게 선사했던 즐거움을 기억하고 있었다. 내가 그의 아버지라고 말했을 때, 나는 특별하게 친절한 인사를 받았고 식사에 초대되었다. 세상에 너의 흔적은 영원토록 남아있을 것이다!"

사랑은 당신에게 필요한 모든 것

지금껏 봐 온 것처럼 낙관주의, 신뢰, 감사함, 유쾌함 혹은 내려놓음을 통해서든 아니든 하얀 늑대에게 아주 다양한 방법으로 먹이를 줄 수 있습니다. 하지만 어떤 방법이 가장 좋은 것인지 아십니까? 어떤 먹이가 힘든 시기에 하얀 늑대를 강하고 건강하게 버티게 하고, 검은 늑대의 공격에서 보호하는지 아십니까? 그것은 바로 사랑입니다.

물론 여기서 말하는 사랑은 남자와 여자 사이의 낭만적이고 호르몬을 분비하는 사랑이 아닙니다. 왜냐하면 우리는 문제를 해결하기보다는 종종 더 많은 문제를 일으키는 그런 남녀 간의 사랑에 대해서 너무 잘 알고 있기 때문입니다. 만약 다음에 '사랑'에 대해 말한다면, 그것은 오히려 마음의 선을 의미하는 희생적인 사랑입니다. 어쩌면 '공감'이 더 좋은 단어일 겁니다. 이런 사랑을 통해서 실제로 모든 것을, 자신과 주변에 있는 사람들을 변화시킬 수 있습니다. 이렇게 본다면 비틀스가 노래한 'All you need is love'는 맞습니다. 그리고 사랑 없이는 아무것도 없습니다.

모든 사람들에게 사랑을 느끼는 것은 불가능해 보이는 반면, 우리가 만나고 서로 공감을 나누는 사람들에게는 가능하다고 생각됩니다. 비록 우리가 동료의 어긋난 행동을 이따금 날카롭게 비난해야 하더라도, 나쁜 짓을 하는 사람들은 결국 스스로 고통을 받는다는 것을 알 수 있습니다. 자신의 검은 늑대에게 지배되고 엄청난 스트레스를 받는 사람은 때때로 어리석고 비인간적인 일을 합니다. 그렇지만 그것에 대해 경솔하게 반응해서는 안 됩니다. 부다는 "미움은 결코 미움으로 극복될 수 없고, 오직 자비가 미움의 세계를 벗어나게 할 수 있다"라고 말했습니다. 부다의 말에 따르면 자비심은 세상에서뿐만 아니라, 우리 자신의 마음에 완전한 평화로움을 이끌어냅니다.

그러면 어떻게 마음속에서 자비의 꽃을 활짝 피게 할 수 있을까요? 그것은 오로지 마음챙김의 도움으로 가능합니다. 애정은 마음을 챙기는 행동의 자연적인 결과로 저절로 생깁니다. 물론 마음챙김을 의도적으로 이끌어야 합니다. 이 경우에는 각각 만나는 사람들에게 - 그들이 파트너, 동료, 우편배달부, 정육점 판매원이든지 - 마음챙김을 수행해야 합니다. 마이스터 에크하르트는 이렇게 썼습니다. "언제나 가장 중요한 사람은 지금 당신이 마주 보고 있는 사람이다. 언제나 가장 중요한 행동은 사랑이다."

에크하르트는 사랑을 콕 집어서 '행동'이라고 일컬었습니다. 공감하는 마음은 당연함이 아니고 아무것도 없는 것에서 생기지 않기 때문입니다. 사랑은 결정입니다! 우리는 사랑을 위해 무엇인가를 '해야'만 합니다. 다른 사람에게 자신의 완전한 마음챙김을 선사하는 것은 아주 간단합니다. 그 사람을 똑바로 바라보고 말하는 것을 똑바로 들으십시오. 자신의 몸을 그 사람을 향해 돌리십시오. 사랑을 하고 있는 눈, 귀 그리고 마음을 가지고 모든 사람을 대하십시오. 다른 사람을 평가하고 판단하는 대신에 그를 혹은 그녀를 '있는 그대로 놔두는' 연습을 하십시오. 더 나아가서 상대방이 어린아이였을 때 어떠했을지 한번 상상해 보십시오. 이 간단한 연습은 다른 사람과 관계를 더 깊어지게 하고 또한 겉으로 보이는 모습의 이면에 감춰져 있는 것을 볼 수 있게 합니다.

메타 명상

어떤 사람들은 공감 능력을 많이 가지고 있습니다. 어떤 사람들에게는 오직 자신의 안녕이 중요해 보일 수 있습니다. 우리들 각자는 공감의 힘을 강하게 할 수 있으며, 공감은 '단지 자신만을 생각하는' 사람에게 추천할 만합니다. 다른 사람들과의 더 많은 공감이 결국에는 무엇보다도 자기 자신에게 커다란 기쁨을 준다는 연구들이 있습니다.

'메타 명상' 혹은 '마음의 명상'은 아주 구체적인 방법으로 '넓은 마음'을 발전시키는 데 도움을 줍니다. 메타는 자비심이라는 뜻의 팔리어입니다. 메타 명상에서는 안녕을 표현하고 부정적인 생각으로부터 벗어나게 하는 짧고 강한 문장을 마음속으로 반복합니다. 명상은 간단합니다. 이 명상을 규칙적으로 약 15분 동안 하는 것이 가장 좋습니다.

- 편하고 똑바른 자세로 앉아서, 눈을 감고 천천히 조용히 호흡하십시오.
- 이제 주의를 자신에게 집중하십시오. 내면의 눈에 당신 모습을 보이게 하십시오. 속으로 여러 번 천천히 다음의 문장들을 말하십시오. '나는 행복하기를 바랍니다. 나는 고통에서 벗어나기를 바랍니다. 나는 평안하기를 바랍니다.'
- 다음은 주의를 가족에게 향하게 하십시오 - 부모님, 배우자, 아이들과 형제들. 이 사람들이 내면의 눈앞에 교대로 떠오르게 하고 속으로 몇 번 천천히 문장을 반복하십시오. '그들이 행복하기를 바랍니다. 그들이 고통에서 벗어나기를 바랍니다. 그들이 평안하기를 바랍니다.'
- 이제는 주의를 친구들에게 돌리십시오 - 특별한 친구들이든지 다수

의 친구들이든지, 그들을 떠올리고 속으로 여러 번 천천히 문장들을 말하십시오. '네가 행복하기를 바란다. 네가 고통에서 벗어나기를 바란다. 네가 평안하기를 바란다.'

- 이제는 당신에게 가까이 있지 않은 가끔 만나는 지인, 먼 친척, 어쩌면 동료들과 같은 사람들 그리고 일상에서 만나는 사람들을 생각하면서 자비심의 빛을 확대하십시오. 내면의 눈에 그들을 데려오고 그 사람들을 생각하십시오. 그러고 나서 속으로 몇 번 천천히 문장을 반복하십시오. '그들이 행복하기를 바랍니다. 그들이 고통에서 벗어나기를 바랍니다. 그들이 평안하기를 바랍니다.'

- 이제는 약간 어려워집니다. 당신을 힘들게 하고, 당신이 좋아하지 않는 혹은 경쟁자라고 생각하는 사람들에게로 주의를 확대해 보십시오. 이 사람들을 마음속으로 상상하고 문장들을 반복하십시오. '그들이 행복하기를 바랍니다. 그들이 고통에서 벗어나기를 바랍니다. 그들이 평안하기를 바랍니다.'

- 숨을 몇 번 더 의도적으로 부드럽게 들이마시고 내쉬면서 몸에 긴장을 푸십시오. 마지막으로 문장들을 생각하십시오. '모든 생명이 행복하기를 바랍니다. 모든 생명이 고통에서 벗어나기를 바랍니다. 모든 생명이 평안하기를 바랍니다.'

조금 더 앉아 있으십시오. 마음의 힘과의 합일을 느끼십시오. 그리고 가능한 한 긴장을 잘 푸십시오. 명상을 마치기 위해 호흡을 깊게 하고, 다시 눈을 뜨십시오.

원천을 잊지 마세요 - 당신 자신!

하얀 늑대에게 먹이를 주는 모든 노력에서 결국 누가 가장 중요한지를, 즉 당신 자신이 가장 중요하다는 것을 결코 잊어서는 안 됩니다.

만약 당신이 자신을 좋아하지 않는다면, 유쾌하고 긴장을 풀고 내려놓기가 불가능할 수 있습니다. 자기 자신에 대한 공감의 결핍은 항상 부정적인 생각과 믿음의 희생자가 되는 결과를 가져오게 됩니다. 때문에 자기 자신과 친교를 맺는 것이 매우 중요합니다. 자신에게 오랫동안 행복을 선사할 수 있는 유일한 것은 자아 공감입니다. 다른 사람들에게 주의 깊고 관대하게 대하는 것은 굉장한 일입니다. 그렇지만 먼저 자신에게 주의 깊고 관대하게 대해야만 합니다. 그러니 가능한 한 빨리 스스로 계속 결점을 찾아내고, 문제를 제기하고, 모든 작은 실수를 비난하는 것을 중단하십시오. 자신을 학대하는 것은 전혀 가치가 없습니다!

다음의 것은 자아 공감의 조건입니다.

- 당신이 다른 사람들과 마찬가지로 실수를 할 수 있고 완전하지 않다는 것을 깨닫는 것입니다.
- 정말 단 한 번 존재하는 것처럼 자신을 아주 좋아하는 것입니다. 그러면 마음의 평온과 내려놓기가 진행되고, 자신의 삶에 대한 책임을 받아들일 수 있습니다.
- 자신의 욕구를 알고 자기 관리를 배우는 것입니다. 일상에서 감정들을 관찰하고 스스로 "무엇이 나에게 피해를 주는가?"를 물어보십시오. 그리고 항상 스스로 물어보십시오. "나는 무엇이 필요한가? 무엇

이 지금 나에게 좋을 것인가?"

- 자신에게 귀 기울이는 것을 배우는 것입니다. 만약 방금 어려운 상황에 봉착했다면, 자신에게 귀를 기울이십시오. 두렵거나 슬퍼도 괜찮습니다. 결코 자신에게 어떤 암시를 줄 필요가 없습니다. 문제를 떨쳐버리려고 애쓰거나 문제로부터 도망가는 대신에, 조용히 귀 기울이고 문제를 바라보는 것으로 충분합니다.

당신이 항상 느끼는 것을 당신은 느껴도 됩니다.
당신 역시 실수를 합니다. 그리고 당신은 실수해도 됩니다.
만약 검은 늑대가 마음속에서 길러진다면, 검은 늑대가 거기에 있어도 됩니다. 검은 늑대가 어떻게 오는지, 어떻게 잠시 또는 약간 오래 머물러 있는지를 편안하게 바라보십시오. 그리고 결국 어떻게 다시 사라지는지를 바라보십시오. 당신이 검은 늑대에게 먹이를 주지 않으면 그는 사라지기 때문입니다.

검은 늑대에게 먹이를 주면서, 검은 늑대를 당신에게서 쫓아내는 일은 결코 성공하지 못합니다. 검은 늑대에게 너무 많은 먹이를 줘서 배가 터지게 할 수도 없습니다. 검은 늑대의 위와 식욕은 함께 커지기 때문입니다. 미움은 단지 또 다른 미움을 만들고, 분노는 더 많은 분노를, 걱정은 또 다른 걱정을 낳습니다.

그러니 한 가지는 반드시 피해야만 합니다. 만약 화가 난다면 화낸 것에 대해서 다시 화를 내지 마십시오. 분노, 미움, 질투, 슬픔, 절망 혹은 탐욕이든지 간에, 그런 힘든 감정을 다루는 유일한 방법은 그것들을 인정하고 받아들이는 것입니다. 그런 것들이 찾아오면, 그러면 손님처럼 대하십시오. 그런 것들이 활동한다면, 침착하고 평온하게 그리고 상냥하게 있으십시오. 그리고 누가 압니까? 어쩌면 그런 것들이 어느 날 친구가 되어 당신에게 돌아오게 될지를, 다음에 이어지는 이야기처럼.

도둑
(일본)

어느 날 한 도둑이 시치리 코준 스님이 있는 절에 들어갔다.

"돈을 가져와라, 그렇지 않으면 너를 죽일 것이다!"라고 위협했다.

시치리 스님은 조용히 대답했다.

"내 돈은 저기 저 위에 있는 서랍 안에 있네. 그것을 가져가게. 하지만 내일 쌀을 조금 사야 하니 약간의 돈을 남겨두게. 그렇게 해 주면 고맙겠네."

도둑은 약간 놀랐지만, 그래도 돈을 거의 다 집어 들었다.

그가 문에 다가갔을 때 스님이 말했다.

"사람이 무언가를 얻으면, 그것에 대해 감사할 줄 알아야 하네."

그러자 도둑은 "고맙습니다"라고 말하고 사라져버렸다.

얼마 후에 한 남자가 도둑질을 하다가 잡혔다. 그리고 그는 시치리 스님의 돈도 훔쳤다고 자백했다. 다음 날 스님은 경찰서에 불려갔다.

"저 사람이 스님의 돈을 훔쳐 갔지요, 그렇지 않습니까?"

"아닙니다. 그는 나에게서 아무것도 훔쳐 가지 않았습니다. 나는 그에게 돈을 주었습니다. 그리고 그는 나에게 고맙다는 인사를 하고 갔습니다"라고 스님이 대답했다.

도둑이 다른 도둑질 때문에 죗값을 치르고 출소하자, 시치리 스님에게 왔다. 그리고 그는 스님에게 제자로 받아달라고 부탁했다.

참고문헌

Peter Adalbert Ludwig Balling, Die Schönheit ist ein Licht im Herzen, Leipzig 2014.

Eknath Easwaran, Die Bhagavad Gita, München 2012.

Wilhelm Busch, „Der Geburtstag" in: Und die Moral von der Geschichte, München 1986.

Gautama Buddha, Dhammapada, Der Pfad der Lehre, Hamburg 2011.

Arthur Conan Doyle, Sherlock Holmes und Doktor Watson - Sämtliche Romane und die Detektiverzählungen: Gesammelte Werke, Neu-Isenburg 2015.

Johann Wolfgang von Goethe, Gedichte. Ausgabe letzter Hand, Zahme Xenien 2, 1827.

Johann Wolfgang von Goethe, Faust: Eine Tragödie, Berlin 1927.

Roland Leonard, Lebensweisheiten berühmter Dichter und Denker, Hannover 2011.

Aljoscha Long/Ronald Schweppe. Bao, der weise Panda und das Geheimnis der Gelassenheit, München 2015.

Seneca, Von der Kürze des Lebens, München 1995.

하얀 늑대에게 먹이를
FÜTTERE DEN WEIBEN WOLF

초판 1쇄 발행   2019년 4월 10일
글   로날드 슈베페·알요샤 롱
번역   남일우
편집디자인   이정아
제작처   예림인쇄

발행처   붉은삼나무
발행인   서윤정
출판등록   2016년 9월 6일(제 2016-000040호)
주소   서울시 양천구 목동중앙남로4길 11-17(나-204)
전화   070-8849-0909 | 팩스 02-2642-0919
이메일   redsamnamu@naver.com

ISBN   979-11-958946-1-1 03190

이 도서의 국립중앙도서관 출판예정도서목록(CIP)은 서지정보유통지원시스템 홈페이지(http://seoji.nl.go.kr)와 국가자료종합목록시스템(http://www.nl.go.kr/kolisnet)에서 이용하실 수 있습니다.
(CIP제어번호 : CIP2019012127)

잘못 인쇄된 책은 구입처에서 교환이 가능합니다.